MINI DICTIONNAIRE
DE L'HISTOIRE DE France

TOME III

LES BOURBONS

Copyright 2020, Philippe Bedei

Édition : BoD – Books on Demand, info@bod.fr

Impression : BoD – Books on Demand, In de Tarpen

42, Norderstedt (Allemagne)

Impression à la demande

ISBN : 978-2-3222-5877-2

Dépôt légal : décembre 2020

TABLE DES MATIÈRES

- **Présentation générale** — 11

I) <u>**LES SOUVERAINS**</u> — 13
  - Henri IV — 14
  - Louis XIII — 15
  - Louis XIV — 16
  - Louis XV — 17
  - Louis XVI — 18

II) <u>**LES GRANDS PERSONNAGES**</u> — 19
  - Nicolas de Villeroy — 20
  - Nicolas de Sillery — 21
  - Barthélemy de Laffemas — 22
  - Charles de Mayenne — 23

Duc d'Épernon	24
Duc de Bouillon	25
Duc de Mercoeur	26
Duc de Sully	27
Duc de Biron	28
Charles Emanuel de Savoie	29
Michel de Marillac	30
Samuel Champlain	31
Gabrielle d'Estrées	32
Concino Concini	33
Marie de Médicis	34
François Ravaillac	35
Père Joseph	36
Duc de Luynes	37
Henriette d'Entragues	38
Duc de Rohan	39
Cardinal de Richelieu	40
Henri II de Bourbon-Condé	41

César de Vendôme	42
Henri II de Montmorency	43
Comte de Chalais	44
François de Montmorency-Boutteville	45
Duchesse de Chevreuse	46
Anne d'Autriche	47
Cardinal de Mazarin	48
Gaston d'Orléans	49
Vicomte de Turenne	50
Cardinal de Retz	51
Nicolas Fouquet	52
Jean-Baptiste Colbert	53
Marquis de Cinq-Mars	54
Le « grand Condé »	55
La « Grande Mademoiselle »	56
Maréchal de Luxembourg	57
Marquis de Vauban	58
Madame de Maintenon	59

Philippe II d'Orléans	60
Madame de Montespan	61
Marquis de Louvois	62
René Cavelier de la Salle	63
« Princesse Palatine »	64
Maréchal de Villars	65
Philippe d'Orléans (Le régent)	66
Abbé Dubois	67
Cardinal Fleury	68
Philippe V d'Espagne	69
Germain-Louis Chauvelin	70
Philibert Orry	71
Maréchal de Saxe	72
Comte d'Argenson	73
Comte de Maurepas	74
Comte Machault d'Arnouville	75
Marie Leszczynska	76
Marquis de Montcalm	77

René de Maupéou	78
Robert Damiens	79
Abbé Terray	80
Duc de Choiseul	81
Comte de Vergennes	82
Duc d'Aiguillon	83
Marquise de Pompadour	84
Malesherbes	85
Comte de Rochambeau	86
Anne Robert Turgot	87
Loménie de Brienne	88
Pierre Caron de Beaumarchais	89
Jacques Necker	90
Charles de Calonne	91
Cardinal de Rohan	92
Sylvain Bailly	93
Comte de Mirabeau	94
Marie-Antoinette de France	95

Axel de Fersen	96
Marquis de la Fayette	97
Antoine Barnave	98

III) <u>LES BATAILLES</u> — 99
(et autres conflits intérieurs)

Arques (1589)	100
Ivry-la-bataille (1590)	101
Fontaine-Française (1595)	102
Ponts-de-Cé (1620)	103
Siège de Montauban (1621)	104
Siège de La Rochelle (1627-1628)	105
Succession de Mantoue (1627-1631)	106
Corbie (1636)	107
Rocroi (1643)	108
Fribourg (1644)	109
Nördlingen (1645)	110
Siège de Dunkerque (1646)	111

Lens (1648)	112
Fronde Parlementaire (1648-1650)	113
Fronde des Princes (1651-1653)	114
Bataille des Dunes (1658)	115
Guerre de Dévolution (1667-1668)	116
Guerre de Hollande (1672-1678)	117
Guerre des « Réunions » (1683-1684)	118
Ligue d'Augsbourg (1688-1697)	119
Succession d'Espagne (1701-1714)	120
Malplaquet (1709)	121
Denain (1712)	122
Succession de Pologne (1733-1738)	123
Succession d'Autriche (1740-1748)	124
Fontenoy (1745)	125
Guerre de Sept Ans (1756-1763)	126
Guerre des « Farines » (1775)	127
Yorktown (1781)	128
Prise de la Bastille (1789)	129

Journées d'octobre (1789) — 130

Fusillade du Champ-de-Mars (1791) — 131

Massacres de septembre (1792) — 132

Valmy (1792) — 133

IV) LES TRAITES — 135
(et autres évènements particuliers)

Édit de Nantes (1598) — 136

Traité de Vervins (1598) — 137

Traité de Lyon (1601) — 138

Traité de Fontainebleau (1611) — 139

Paix de Montpellier (1622) — 140

Édit d'Alès (1629) — 141

Traité de Ratisbonne (1630) — 142

Traités de Westphalie (1648) — 143

Paix de Rueil (1649) — 144

Traité de Paris (1657) — 145

Paix des Pyrénées (1659) — 146

Traité d'Aix-la-Chapelle (1668)	147
Traité de Nimègue (1678)	148
Trêve de Ratisbonne (1684)	149
Code Noir (1685)	150
Édit de Fontainebleau (1685)	151
Traité de Ryswick (1697)	152
Traité d'Utrecht (1713)	153
Bulle Unigenitus (1713)	154
Traité de Rastatt (1714)	155
Système de Law (1716-1720)	156
Pactes de famille (1733 ➔ 1761)	157
Traité de Vienne (1738)	158
Traité d'Aix-la-Chapelle (1748)	159
« L'Encyclopédie » (1751)	160
Traité de Paris (1763)	161
Traité de Versailles (1783)	162
Serment du jeu de paume (1789)	163
Nuit du 4 août (1789)	164

Constitution de (1791)   165

Manifeste de Brunswick (1792)   166

Abolition de la royauté (1792)   167

- **Réflexions générales sur la période**   **169**
    - Introduction   169
    - Abolutisme et contre pouvoirs   170
    - Bourbons versus Habsbourg   180
    - Le début de la fin   190
    - Conclusions sur la période   196

- **Index des autres souverains et personnalités ne faisant pas l'objet d'une fiche**   **199**

Présentation générale

Cet ouvrage est le troisième d'une série de dix tomes se rapportant aux grands personnages et aux moments-clés de l'histoire de France.

Les périodes couvertes par chacun des tomes sont indiquées ci-après :

Tome 01 : Les Capétiens directs

Tome 02 : Les Valois

Tome 03 : Les Bourbons

Tome 04 : La Révolution Française

Tome 05 : Directoire, Consulat et Ier Empire

Tome 06 : Les monarchies parlementaires

Tome 07 : Seconde République et Second Empire

Tome 08 : La Troisième République

Tome 09 : La guerre 39-40, Vichy et le gouvernement provisoire

Tome 10 : La Quatrième république

Le contenu détaillé de chaque tome se présente sous la forme d'un mini dictionnaire renvoyant à 4 types d'items : **Les souverains** (avec leurs dates de règne) – **Les personnalités** (avec leurs dates de naissance et de décès) – **les guerres** notables (et conflits intérieurs) - **les traités** (et autres évènements) significatifs.

En dehors des souverains qui font tous l'objet d'une fiche particulière figure une série de personnages ou de personnalités qui ont joué un rôle ou influé sur le cours de l'histoire de France. Cette liste n'est bien évidemment pas exhaustive, mais apparaît suffisamment représentative pour donner une certaine cohérence à ce mini dictionnaire. Dans chaque fiche présentant un personnage, une bataille ou un traité peuvent se retrouver à l'intérieur de celle-ci des noms d'autres personnalités, de batailles ou de traités ayant fait, eux aussi l'objet d'une fiche. On les reconnaîtra au fait qu'ils apparaîtront en gras dans la fiche. Pour clore chacun de ces ouvrages, on trouvera également quelques **réflexions générales** sur la période examinée.

Concernant ce tome 03, consacré aux Bourbons, l'auteur a choisi l'option d'achever l'examen de la période **au 21 septembre 1792, date de la chute de la royauté en France.** Ce choix a une double conséquence. D'une part, tous les évènements révolutionnaires s'étant déroulés entre mai 1789 et septembre 1792 figurent bien dans cet ouvrage. A contrario, ce livre ne prend pas en compte l'histoire des deux derniers Bourbons (Louis XVIII et Charles X) ainsi que celle du premier et dernier Orléans (Louis-Philippe Ier). Ces souverains apparaîtront dans le tome 06 de cette collection, consacré aux monarchies parlementaires.

Philippe Bedei

PS : Afin d'éviter de confondre Marie-Thérèse d'Autriche, infante d'Espagne et épouse de Louis XIV avec Marie-Thérèse d'Autriche, mère de Marie d'Antoinette, la première nommée est ici référencée Marie-Thérèse d'Espagne.

I) **LES SOUVERAINS**

Henri IV (1589 – 1610)

Henri IV, premier roi de la dynastie des « Bourbons », eut très tôt la réputation d'être bon vivant, « vert galant », mais également un homme consensuel, attentif à sa famille et à ses sujets. Pourtant quand on y regarde de près, il passa une grande partie de sa vie à lutter contre l'adversité.

Il dut d'abord abjurer très vite le protestantisme, en 1572, après le massacre de la Saint-Barthélemy, puis après s'être de nouveau reconverti, prendre la tête du parti protestant et se battre plus de dix ans contre les catholiques dans une guerre de religion sans fin.

Après la mort du roi (catholique) Henri III, qui lui transmit le trône, en 1589, il fut loin d'être légitimé immédiatement tant ses ennemis intérieurs ne désarmaient pas (19 tentatives d'assassinat !) Sacré à Chartres (et non à Reims tenu par les catholiques), il dut abjurer une seconde fois sa religion pour entrer - difficilement - dans Paris. Enfin Henri IV dut encore batailler quelques années contre les Espagnols pour pacifier définitivement le royaume. En 1598, ce fut **l'Édit de Nantes** qui assura la paix intérieure et **Vervins** qui assura (provisoirement) la paix à l'extérieur des frontières. Par la suite et jusqu'à son assassinat, en 1610, par un fanatique (peut être manipulé par des ligueurs), Henri IV dut encore faire face à de nombreuses « frondes » des grands seigneurs qui n'acceptaient pas la perte de leur prééminence régionale ou encore celle des parlementaires qui voulaient briser l'absolutisme royal.

Son règne cependant fut positif dès lors qu'il eut la clairvoyance de s'entourer d'hommes de valeur (**Sully, Villeroy, Laffemas**…)

Louis XIII (1610 – 1643)

Le règne de Louis XIII fut marqué par la personnalité du **cardinal de Richelieu**, première véritable « éminence » grise de la monarchie française. Après des débuts difficiles pour ce roi timide, bègue et mélancolique qui subit dans sa jeunesse les impertinences de **Concini** (le favori italien de **Marie de Médicis**), et les rebuffades de sa mère qui ne l'aimait guère, il prit le pouvoir, de force, en 1617, en ordonnant l'assassinat de **Concini**. Entouré au début de gens médiocres (sa mère, son frère **Gaston d'Orléans**, les conseillers **de Luynes** et la Vieuville…) et d'un parti « dévot », à la solde de l'Espagne, le règne de Louis XIII aurait pu être néfaste pour la France.

Mais, en 1624, le **cardinal de Richelieu** prit la tête du conseil. Après la « journée des dupes » le roi chassa même sa mère du royaume, en 1631, tandis qu'il conforta jusqu'au bout son Premier ministre. Pendant dix-huit ans ces deux hommes travaillèrent de concert pour faire de la France une grande monarchie même si ce fut trop souvent aux dépens d'un peuple, accablé d'impôts et de charges. À la mort du roi, en mai 1643, un an après celle de **Richelieu**, les trois objectifs que ces deux hommes s'étaient fixés étaient globalement atteints. Les places fortes protestantes étaient désarmées. Bien qu'encore vivace, la noblesse factieuse était maîtrisée au profit d'un absolutisme royal naissant. Enfin la victoire finale contre l'Espagne se dessinait.

Ce bilan fut toutefois terni par la mort prématurée du roi, en raison du trop jeune âge de l'héritier, le futur **Louis XIV** qui n'avait alors que 5 ans, et des troubles qui s'en suivirent.

Louis XIV (1643 – 1715)

Ce fut sous son le règne interminable de Louis XIV (72 ans !) que la France monarchique connut à la fois l'apothéose et le début d'une certaine décadence.
Cette période renvoie à certains qualificatifs.
La « magnificence » avec le transfert du pouvoir et de la cour à Versailles, dans un cadre fastueux destiné à impressionner le visiteur. « L'absolutisme » qui s'est traduit par l'abaissement de la noblesse non pensionnée à Versailles et du Parlement, la non-réunion des États généraux et la gestion confiée à de simples bourgeois (de talent cependant comme **Colbert et Louvois**) exécutant les ordres royaux. La « guerre en permanence », pour occuper la noblesse d'épée, servir la grandeur du roi en Europe et faire tourner une économie de guerre. Le retour enfin du « gallicanisme » (religion d'État, dont le roi était le grand ordonnateur) avec la révocation de **l'Édit de Nantes** et la lutte contre les hérésies au dogme (tels le protestantisme et le jansénisme). Toutes ces politiques « excessives » finirent par engendrer au début du XVIIIème siècle un appauvrissement non négligeable de la France, éreintée d'impôts et de famines. Un pays saigné, en outre, de forces vives quand les tristement célèbres « dragonnades » chassèrent du royaume près de trois cent mille huguenots. Au final, un règne flamboyant en apparence, mais qui laissa derrière lui de nombreuses inquiétudes (et d'alliances militaires tournées contre la France) chez les autres monarchies européennes. Un absolutisme excessif dont les effets se firent sentir dans les deux règnes suivants. Un règne qui finalement prépara certains esprits à critiquer ouvertement l'ordre existant.

Louis XV (1715 – 1774)

Le règne de Louis XV fut long, comme celui de son arrière-grand-père. Près de 60 ans, durant lequel la monarchie française eut la possibilité de se reprendre après les terribles sacrifices consentis par le peuple sous **Louis XIV**.
Cinq périodes ont pu délimiter l'action de ce roi indolent et indécis, aimant trop la chasse et les plaisirs.
De 1715 à 1726, en raison du jeune âge de Louis XV, une régence controversée fut mise en place par un oncle libertin, **Philippe d'Orléans**. L'action de ce dernier fut rehaussée cependant par l'activité de son premier conseiller, **l'abbé Dubois**, malgré l'expérience financière ruineuse du **système de Law**. De 1726 à 1746, le royaume connut une période de paix et de prospérité avec le gouvernement du **cardinal Fleury**, l'ancien précepteur du roi, qui finalement avait été rappelé.
Après **Fleury**, de 1746 à 1763, le règne s'enfonça dans une période noire marquée à la fois par l'absence de véritables hommes de valeur autour d'un roi n'ayant lui même pas les qualités requises. Par des guerres également coûteuses et inutiles, se traduisant par la perte du premier empire colonial français.
De 1763 à 1770, le règne enregistra, sous l'influence du **duc de Choiseul**, un regain de popularité et le royaume put s'agrandir de la Lorraine et de la Corse.
Enfin, de 1770 à 1774, les dernières années du règne furent médiocres avec des intrigues de cour, des gaspillages et les premières rébellions des parlements du royaume, anticipant les raisons qui allaient bientôt faire tomber la monarchie française.

Louis XVI (1774-1793)

Louis XVI fut le dernier bourbon à avoir régné avant la Révolution Française. Deux restaurations viendront bien plus tard. Louis XVI fut un roi malchanceux. Un certain nombre de circonstances inattendues (petit-fils assez éloigné de **Louis XV**) fit qu'il récupéra un trône qu'il ne demandait pas et surtout pour lequel il n'était absolument pas préparé. Ensuite, il est venu après deux règnes longs, fastueux en apparence mais très difficiles et lourds pour un peuple, accablé d'impôts, et assez largement miséreux. Des sujets dont certains (les urbains) étaient désormais réceptifs aux virulentes critiques faites par de nouveaux venus (journaux, clubs, cafés…). Louis XVI n'eut pas de chance non plus d'arriver à une époque où les nobles domestiqués et de robe se cramponnaient désespérément à des privilèges datant encore de l'époque féodale. Ils formaient ainsi une caste orgueilleuse ne voulant rien réformer, imposant un immobilisme qui ne pouvait être que mortifère pour la royauté de droit divin.
Pas de chance également pour Louis XVI bénéficiant de certaines qualités (la curiosité intellectuelle, une bienveillance naturelle…) mais qui n'était pas taillé pour le rôle qu'il devait jouer (hésitant, indécis et manquant de clairvoyance aux moments-clés de son règne). Son destin ne fut donc qu'une lente descente aux enfers. De son retour forcé de Versailles à sa fuite avortée de Varenne, en passant par les limogeages absurdes de ceux (**Turgot**, **Brienne**, **Necker**) qui tentèrent en vain de prendre les mesures nécessaires pour sauver la monarchie, tout concourra à ce que ce soient les révolutionnaires les plus radicaux qui aient le dernier mot et mettent à bas plus de 800 ans de royauté en France !

GRANDS PERSONNAGES ET AUTRES PERSONNALITES

Sous les règnes d'Henri IV et de Louis XIII

Nicolas de Villeroy (1542 – 1617)

Diplomate de formation et de caractère, Nicolas de Neufville, sire de Villeroy, bénéficia successivement de la confiance de Catherine de Médicis, d'Henri III et d'**Henri IV**, ce qui lui valut d'avoir été ministre pendant plus de quarante ans.

Ligueur, proche des Guise à la fin des années 1580, destitué, en 1588 par Henri III qui le jugeait trop partisan, il se tourna d'abord vers le **duc de Mayenne**, pour devenir son conseiller.

Cependant, après l'avènement d'**Henri IV** et n'ayant jamais été un ligueur « radical », il entra en contact, en 1592, avec Philippe Duplessis-Mornay, théologien de la Réforme et ami personnel d'**Henri IV** pour discuter de la conversion du roi. Il se rallia à lui, en mars 1594.

Henri IV lui confia alors les Affaires étrangères et l'administration militaire. Grandement apprécié du roi, il l'envoya, en 1599, négocier à Florence son projet de mariage avec **Marie de Médicis**. Expert en politique étrangère, préférant la paix et la négociation au conflit ouvert, Nicolas de Villeroy fut de ceux qui firent revenir les jésuites en France, en 1603.

Avec **Sully** et Bellièvre, il forma ce que l'on a coutume d'appeler le « triumvirat » des grands commis qui dirigèrent, sous la poigne et le panache blanc d'**Henri IV**, la France entre 1598 et 1605.

Sous les règnes d'Henri IV et de Louis XIII

Nicolas de Sillery (1544 – 1624)

Bien qu'ayant exercé de hautes fonctions sous trois rois différents (Henri III, **Henri IV** et **Louis XIII**) Nicolas Brulart de Sillery eut surtout son heure de gloire sous **Henri IV**.

Haut magistrat, il négocia, en 1598, la **paix de Vervins** entre la France, l'Espagne et la Savoie. Puis il obtint du pape l'annulation du mariage d'**Henri IV** et de Marguerite de Valois. Enfin il fut, avec **de Villeroy,** à l'origine du remariage du roi avec **Marie de Médicis.**

Plus tard, il négocia également le **traité de Lyon** qui mit fin au conflit franco savoyard en janvier 1601.

Nommé Garde des Sceaux, en 1604, puis chancelier de Navarre, en 1605 et chancelier de France, en 1607, il succéda à l'autre grand commis du roi que fut Pomponne de Bellièvre.

Catholique convaincu, il resta proche de **Marie de Médicis,** en partageant avec elle l'opinion de la nécessité d'un rapprochement avec l'Espagne. Il essaya en vain d'en convaincre **Henri IV**.

En 1610, juste après l'assassinat du roi par **Ravaillac**, il fit déclarer régente **Marie de Médicis,** et écarta le prince du sang qu'était **Henri II de Bourbon-Condé.**

Bientôt cependant, il entra en conflit avec le favori de **Marie de Médicis, Concino Concini.** Ce dernier finit par obtenir qu'il rende les sceaux en avril 1616. Il les récupéra brièvement, en 1623, avant que **Richelieu** ne les lui retire définitivement en 1624, quelques mois avant sa mort.

<u>Sous le règne d'Henri IV</u>

Barthélemy de Laffemas (1545 – 1612)

Barthélemy de Laffemas fut l'un des principaux conseillers économiques d'**Henri IV**. Après 40 ans de guerre de religion, l'économie française était sinistrée et il fut l'un de ceux, avec **Sully**, qui tentèrent de la relancer par des solutions novatrices.

Dès 1596, dans son *« mémoire pour dresser les manufactures et ouvrages du royaume »* il proposa au roi de transformer tous les métiers libres en corporations (jurandes) afin de réglementer les professions et d'assurer la formation des apprentis.

Il proposa également un programme mercantiliste assez ambitieux, préconisant la protection de l'industrie nationale et l'exportation de produits manufacturés.

En 1602, Laffemas devint « Contrôleur général du commerce et des Manufactures » où il fit développer principalement la soierie et la sériciculture (industrie produisant la soie).

Sous sa responsabilité, une quarantaine, de manufactures dûment contrôlées virent ainsi le jour, spécialisées dans les industries de luxe et du textile, comme celles du verre, du cristal, des tapisseries, des dentelles, des draperies de laine et surtout des soieries. Ainsi naquirent les tapisseries des Gobelins à Paris.

Bien qu'il ait enregistré de réels succès dans ces domaines et dans l'organisation sociale du travail, Laffemas souffrit des moyens plus limités qu'on lui accorda, rapportés à ceux dont bénéficia **Sully** dans le domaine de l'agriculture et des voies maritimes.

<u>Sous le règne d'Henri IV</u>

<u>Charles de Mayenne (1554 – 1611)</u>

Charles de Lorraine, duc de Mayenne et frère cadet d'Henri de Guise, fut un chef militaire remarqué durant les guerres de religion. Il prit naturellement la tête de la « Ligue » des ultra catholiques après l'assassinat de son frère Henri de Guise en 1588.
À la mort du roi Henri III, un an plus tard, ce fut Henri de Navarre, un protestant, qui lui succéda sous le nom d'**Henri IV**.
Charles tenta alors vainement de contester cette succession en avançant le nom du cardinal de Bourbon, considéré comme le véritable héritier du trône de France par les ligueurs.
Mais de 1589 à 1590, « Mayenne » fut vaincu à deux reprises, à **Arques** et à **Ivry** par le nouveau roi **Henri IV**.
En 1591, devant certains excès des ligueurs parisiens, le duc fit pendre quatre d'entre eux, scellant ainsi la rupture entre la Ligue nobiliaire à laquelle il se rattachait et la Ligue urbaine.
Par la suite, il échoua à se faire élire roi lui-même par les États Généraux qu'il avait convoqués à Paris, en 1593. En juin 1595, il fut battu une nouvelle fois par **Henri IV** à la bataille de **Fontaine-Française**. Une défaite qui l'entraîna à faire acte de soumission solennelle, en échange d'une belle compensation financière, de la remise de trois places de sûreté en Bourgogne et du maintien de son titre honorifique de grand chambellan (Édit de Folembray, en 1596). Dès l'année suivante Charles de Mayenne combattit ses anciens alliés espagnols, près d'Amiens, pour le compte du roi.

Sous les règnes d'Henri III, d'Henri IV et de Louis XIII

Jean-Louis de Nogaret (1554 – 1642)
(Duc d'Épernon)

Jean-Louis de Nogaret fut un homme de guerre et un homme d'état français à la réputation sulfureuse. Étant donné sa longévité exceptionnelle (mort à 87 ans) il servit trois rois d'Henri III à **Louis XIII**, en passant par **Henri IV**. Comme l'un des deux principaux favoris d'Henri III (avec le duc Anne de Joyeuse) il fut comblé d'honneurs par celui-ci, qui lui donna l'amirauté de France (1587), les gouvernements de Metz (1583), de Provence (1586), de Normandie, d'Angoumois, d'Aunis et de Saintonge (1587). Cependant, le duc d'Épernon, particulièrement altier, avait l'art de se créer de puissantes et profondes inimitiés. De 1584 à 1589, il soutint énergiquement Henri III contre la ligue catholique avant de devenir pro-espagnol pour favoriser clairement ses intérêts. Il était également présent dans le carrosse d'**Henri IV** lorsque celui-ci fut assassiné. Dès lors, il prit immédiatement le contrôle de la capitale pour transmettre la totalité du pouvoir à **Marie de Médicis**, au mépris des dispositions d'**Henri IV** qui avait institué un conseil de régence. D'aucuns ont considéré qu'il avait été de ceux ayant armé le bras de **Ravaillac**, mais cela ne fut jamais prouvé. L'exemple de ce grand seigneur, à la mentalité aristocratique traditionnelle, fut l'un de ceux qui conduisirent le **cardinal de Richelieu** à vouloir imposer un État fort et impartial au-dessus des individus et des corps de la société. D'Épernon fut exilé à Loches après l'échec de Fontarabie (en 1638).

Sous les règnes d'Henri III, d'Henri IV et de Louis XIII

Henri de la Tour-d'Auvergne (1555 – 1623)
(Duc de Bouillon)

Henri de la Tour-d'Auvergne, seigneur de haute lignée, combattit d'abord pendant les guerres de Religion au côté du duc d'Alençon, jeune frère du roi Henri III.
Puis il se convertit au protestantisme en 1576, au côté du roi de Navarre, futur **Henri IV**. En 1581, il devint premier gentilhomme d'Henri de Navarre et se distingua en cherchant des renforts contre la Ligue, en 1590. Il devint duc de Bouillon, par son mariage, en 1591, avec Charlotte de La Marck. Il hérita alors de la principauté de Sedan et reçut le titre de maréchal de France, en 1592. Après le décès de son épouse, en 1594, **Henri IV** le confirma en tant qu'héritier de cette principauté.
Le duc de Bouillon continua de servir militairement le roi jusqu'à **l'Édit de Nantes** de 1598. Par la suite, pour de sombres raisons, il s'impliqua dans des complots de « malcontents » contre **Henri IV**. Il fut notamment mêlé à la conspiration de **Charles de Gontaut-Biron,** en 1602, puis en 1605, ambitionna de soulever le sud-ouest pour s'y tailler un royaume. **Henri IV** n'hésita pas à lever une armée pour mater ce seigneur devenu récalcitrant et ses terres lui furent confisquées. Le duc de Bouillon implora le pardon d'**Henri IV**, en 1606 et retrouva ses biens. Il mourut quelques années plus tard en laissant l'image d'un prince turbulent et infidèle envers un roi (**Henri IV**) à qui il devait pourtant carrière et fortune.

Sous les règnes d'Henri III et d'Henri IV

Philippe-Emmanuel de Lorraine (1558 – 1602)
(Duc de Mercoeur)

À l'époque d'Henri III, ce dernier avait favorisé le mariage de Philippe de Lorraine-Mercoeur avec Marie de Luxembourg, une héritière des Penthièvre, descendante des ducs de Bretagne.

Pour se constituer un allié sûr dans la région, Henri III lui avait également cédé le gouvernement de la Bretagne en 1582. Mais Mercœur était également cousin des Guises, branche cadette de la famille de Lorraine, et animateurs à l'époque de la ligue catholique. L'assassinat, sur ordre d'Henri III, du duc Henri de Guise, en 1588, conduisit Mercœur à s'engager progressivement du côté de la sainte Ligue, faisant entrer la Bretagne dans la guerre civile.

Mercœur fut révoqué de son poste de gouverneur, en avril 1589, mais continua de se considérer comme le gouverneur légitime.

Il s'allia avec Philippe II d'Espagne et obtint par ce biais un soutien militaire de sept mille hommes ainsi que d'importants subsides. Avec l'aide espagnole, il battit l'armée d'**Henri IV**, en mai 1592, à Craon, dans le Maine. Après la conversion d'**Henri IV** au catholicisme en 1593, Mercoeur se retrouva isolé. Finalement, il se soumit au roi par un traité signé à Angers, en mars 1598. Par ce traité, il renonçait au gouvernement de la Bretagne en échange de plus de quatre millions de livres et du mariage de sa fille à **César de Bourbon,** duc de Vendôme, fils bâtard mais légitimé d'**Henri IV**, qui devint à son tour gouverneur de la Bretagne.

Sous le règne d'Henri IV

Maximilien de Béthune (1560 – 1641)
(Duc de Sully)

Maximilien de Béthune naquit dans une famille noble mais peu fortunée, originaire de l'Artois. Toute sa vie, il fut calviniste. Ce fut vers 1572 qu'il fit la connaissance d'Henri de Navarre et les deux hommes se lièrent progressivement d'amitié.

Dès lors, la carrière de Maximilien suivit les méandres de la vie tumultueuse d'Henri.

Sully se distingua d'abord militairement en étant présent lors des dernières batailles contre la ligue catholique (Coutras, **Arques, Ivry**, Chartres…).

Par la suite, il devint le grand administrateur du royaume en multipliant des fonctions clés telles que surintendant des Finances, grand maître de l'artillerie et grand voyer de France. De 1595 à 1610, son activité fut débordante, notamment dans le domaine de l'agriculture *(« Labourage et pâturage sont les deux mamelles qui nourrissent la France… »)* où il s'efforça de faciliter à la fois la liberté du commerce et les moyens d'échanges.

Couvert d'honneurs par **Henri IV** (Duc et pair de Sully, marquis de Rosny, de Nogent le Rotrou, gouverneur du Poitou…) Maximilien de Sully se retira sur ses terres au décès du roi et rédigea des mémoires sur la nature et l'importance des réformes qu'il avait menées pendant 15 ans. **Louis XIII** le fit Maréchal de France, en 1634, avant qu'il ne décède à l'âge avancé de 81 ans.

<u>Sous le règne d'Henri IV</u>

<u>Charles de Gontaut (1562 -1602)</u>
(Duc de Biron)

Charles de Gontaut, duc de Biron appartenait à une noble famille du Périgord.
Compagnon d'armes d'**Henri IV**, il fit une brillante carrière militaire en prenant part à de nombreuses batailles, entre 1585 et 1595, qui aidèrent Henri de Navarre à devenir roi de France.
En contrepartie, ce dernier le couvrit d'honneurs (Amiral de France en 1592, maréchal général de France en 1595, gouverneur de Bourgogne en 1597, duc et pair de France en 1598).
Malgré ces marques de reconnaissance, le duc de Biron jugea ses services insuffisamment récompensés.
Il complota une première fois, en 1599 contre le roi au profit du **duc de Savoie** et de représentants espagnols, pour tenter de détacher la Bourgogne du royaume de France.
Ce premier complot fut dénoncé et **Henri IV** pardonna au duc en raison de ses états de service. Mais Biron récidiva une seconde fois avec le **comte de la Tour-d'Auvergne** (le duc de **Bouillon**) cette fois-ci. Des troubles éclatèrent contre l'autorité royale dans les régions et domaines du sud-ouest qu'il contrôlait.
Henri IV dut se résoudre à le faire arrêter. Biron qui s'était réfugié dans la dénégation ne put être pardonné une seconde fois et fut décapité en juillet 1602.

Sous les règnes d'Henri IV et de Louis XIII

Charles Emanuel de Savoie (1562 – 1630)

Charles-Emmanuel Ier fut duc de Savoie et prince de Piémont de 1580 à 1630.
Après avoir succédé à son père à l'âge de 18 ans, l'un de ses premiers actes fut de rompre avec Genève en ayant comme objectif la reconquête du Chablais (la Haute-Savoie) mais ce fut un échec. Le jeune prince épousa alors une fille du roi Philippe III d'Espagne. Désormais allié à l'Espagne par son mariage et aux ligueurs par intérêt, il profita des guerres de religion en France pour s'emparer, en 1588 du marquisat de Saluces (marche italienne). Il s'enhardit et voulut alors conquérir certaines possessions françaises, du côté de Draguignan et d'Aix, pour renforcer ses positions sur la frontière du Dauphiné. Mais au bout de quelque temps, **Henri IV** mit certains moyens militaires pour contrecarrer les ambitions désordonnées du duc de Savoie.
La guerre fut courte. Les troupes d'**Henri IV,** sous le commandement de François de Bonne de Lesdiguière, volèrent de victoire en victoire. Bientôt, Charles-Emmanuel acculé capitula et signa le **traité de Lyon** en janvier 1601. Par ce traité, la France reçut la Bresse, le Bugey, le pays de Gex et le Valromey. **Henri IV** dut cependant renoncer à Saluces. Charles-Emmanuel projeta alors d'investir la ville de Genève, capitale spirituelle du calvinisme.
Mais son expédition hasardeuse en décembre 1602 fut également un échec, célébré encore de nos jours par les Suisses.

Sous le règne de Louis XIII

Michel de Marillac (1563 – 1632)

Michel de Marillac, catholique engagé jusqu'à avoir appartenu à la Ligue, fit de solides études de droit. Il commença sa carrière comme avocat avant d'embrasser une carrière plus politique (conseiller au parlement de Paris, maître des requêtes, conseiller d'État, spécialisé dans les affaires financières). Cette dernière promotion fut encouragée par **Marie de Médicis**, qui le connaissait par des liens familiaux. Une connexion personnelle d'autant plus sensible que Michel de Marillac devint l'une des figures emblématiques du « parti dévot ». Tant que **Marie de Médicis** conserva un peu d'influence, la carrière de Marillac se poursuivit. En 1624, il fut nommé surintendant des Finances, puis garde des Sceaux. Marillac resta par ailleurs célèbre pour son ordonnance de janvier 1629, plus communément appelé « code Michau », qui tentait d'encourager les activités commerciales, de limiter le droit de remontrance des parlements et de favoriser la foi catholique. Ce travail de juriste n'intéressa pas **Richelieu** dont la politique était davantage centrée sur la résolution des problèmes internationaux. **Richelieu** encouragea le Parlement à ne pas enregistrer ce code. Marillac de son côté s'opposa à la guerre contre l'Espagne. « La journée des dupes » en novembre 1630 régla la question. **Richelieu** garda la confiance du roi. **Marie de Médicis** fut éloignée et Marillac jeté en prison au château de Chateaudin, en février 1631, où il mourut un an plus tard.

Sous les règnes d'Henri IV et de Louis XIII

Samuel de Champlain (1567 – 1635)

D'abord soldat dans les armées d'**Henri IV**, Samuel Champlain devint géographe du roi et s'intéressa particulièrement à préciser les contours de la Nouvelle France, découverte par Cartier, quelque 70 ans plus tôt.

Sur place, il considéra que la connaissance de ces régions peuplées d'Amérindiens (Hurons, Iroquois, Algonquins …) méritait d'être approfondie dans un but de colonisation de peuplement.

Il parvint à convaincre le gouverneur général de la Nouvelle France, un dénommé du Gua de Mons, de lui donner quelques moyens pour parvenir à ses fins.

Ce fut dans ce contexte que Champlain créa tout d'abord un nouvel établissement, en 1604, qu'il appela Port-Royal, puis explora toute la région du Saint-Laurent. Il repéra un promontoire boisé auquel les Indiens du cru donnaient le nom de « Québec », en un lieu où le fleuve se rétrécissait. Ainsi naquit la région du même nom en 1608. Par la suite, il fit le tour des grands lacs Huron et Ontario, et contribua à enrichir la connaissance de la géographie canadienne. Après avoir passé trente années de sa vie à explorer ces terres nouvelles, il s'installa lui-même à Québec et travailla à maintenir française (déjà contre les ambitions anglaises) sa petite colonie, composée de 150 personnes, en 1635.

Sa ténacité et sa réussite lui valurent d'être surnommé le « père de la Nouvelle-France ».

Sous le règne d'Henri IV

Gabriel d'Estrées (1573 – 1599)

Gabrielle d'Estrées devint la maîtresse et favorite **d'Henri IV** en 1591, à l'âge de 18 ans.
De petite noblesse, le roi l'appela à la cour et la combla d'honneurs et de titres (Marquise de Montceaux, duchesse de Beaufort). **Henri IV** semblait très amoureux de Gabrielle et l'on prêta à cette dernière, qui l'accompagnait dans certains voyages officiels, une influence notable dans quelques affaires du royaume.
De cette relation naquirent trois premiers enfants, légitimés par le roi. Mais, en février 1599, Marguerite de Valois, l'épouse officielle d'Henri depuis 27 ans, consentit enfin au divorce.
Le pape, qui militait pour que le roi se marie avec sa nièce, **Marie de Médicis**, vit enfin une ouverture pour mener à bien ce projet. Pour sa part, Henri envisageait plutôt de se remarier avec sa maîtresse, enceinte d'un 4e enfant, et donna des ordres en ce sens pour la cérémonie.
Ce fut dans ce contexte que Gabrielle d'Estrées fut prise de convulsions mortelles dans la nuit du 9 au 10 avril 1599, juste quelques heures avant le mariage. L'Histoire retint plutôt que la favorite avait été victime d'éclampsie, une maladie à l'époque fatale pour l'enfant comme pour la mère, mais ce décès prématuré tombait si bien que d'aucuns ont laissé entendre qu'il n'était peut-être pas si naturel.

<u>Sous le règne de Louis XIII</u>

<u>Concino Concini (1575 – 1617)</u>

Concino Concini était un petit aristocrate Italien, arrogant, faisant partie de la suite transalpine qu'imposa **Marie de Médicis** à son époux **Henri IV**, en 1600. Arriviste, Concini séduisit et épousa rapidement Leonora Galigaï, coiffeuse et confidente de **Marie de Médicis,** lui permettant ainsi de devenir un familier de la reine. En 1610, après l'assassinat d'**Henri IV**, le jeune roi **Louis XIII** n'ayant pas l'âge requis pour régner, sa mère devint régente en faisant de Concini son principal ministre. Mais quand le roi eut l'âge officiel pour régner (13 ans), ce dernier, timide et introverti, n'osa pas se dresser contre sa mère et son favori. Concini dirigea de fait le royaume, en s'enrichissant au passage – il acheta le marquisat d'Ancre - et en se faisant couvrir de titres par la reine. Il devint notamment maréchal de France, en 1613. Cependant, au plan politique, Concini fut doublement maladroit. D'une part, il chercha à rabaisser la noblesse française (**Condé** et **Villeroy** tentèrent d'ailleurs de le renverser à l'été 1616) mais surtout il se montra insolent et dédaigneux du jeune roi qui pourtant prenait de l'âge. Aussi, lorsque l'entourage du roi, conduit par son ami, le **duc de Luynes**, projeta d'éliminer le « maréchal d'Ancre », **Louis XIII,** qui avait alors 16 ans, ne s'y opposa vraiment pas.
Concini fut donc assassiné par des spadassins du roi, le 24 avril 1617 et ne fut pas regretté. La foule parisienne, qui le détestait, déterrant même son cadavre pour le pendre et le mettre en pièces.

<u>Sous les règnes d'Henri IV et de Louis XIII</u>

Marie de Médicis (1575 – 1642)

Henri IV se remaria, en 1600 avec la fille du duc de Toscane, Marie de Médicis. Cette union se fit d'abord pour des raisons dynastiques, sa première épouse (Marguerite de Valois) ne lui ayant pas donné d'héritiers. Mais également pour des raisons financières. En apportant au roi une dot importante de 600 000 écus, les Médicis effacèrent une partie notable des dettes royales. Sa nouvelle épouse lui donna six enfants dont le futur **Louis XIII** et son frère **Gaston d'Orléans**, qui allait comploter toute sa vie. Mais également trois filles qui eurent de beaux destins. Élizabeth sera reine d'Espagne, Christine sera duchesse de Savoie et Henriette-Marie reine d'Angleterre. Au décès d'**Henri IV**, en 1610, Marie s'arrogea le titre de régente et gouverna la France jusqu'en 1617, avec l'aide de son favori **Concini**. À compter de cette date et de l'élimination de ce dernier, elle dut rendre le pouvoir à son fils **Louis XIII**. Marie, pro espagnole, conspira ensuite en plusieurs occasions contre son propre fils, qui poursuivait la politique anti-espagnole de son père. Initialement, ce fut Marie qui présenta le **cardinal de Richelieu** à son époux, mais ce dernier se montra loyal envers le roi jusqu'à la « journée des dupes », en 1630. Ce jour-là, Marie demanda à son fils d'arbitrer entre elle et son ministre. Le roi ayant préféré faire confiance à **Richelieu**, ce fut Marie qui fut exilée à Compiègne avant de s'enfuir à l'étranger où elle mourut en 1642, oubliée de tous.

Sous le règne d'Henri IV

François Ravaillac (1577 – 1610)

François Ravaillaic était un ultra catholique. D'abord serviteur dans sa ville d'Angoulême, il s'est par la suite présenté chez les Feuillants (un ordre monastique), qui le renvoyèrent à cause de ses « visions ». Puis, il monta à Paris pour entrer chez les jésuites, qui ne voulurent pas de lui. Retourné à Angoulême, il devint maître d'école. Mais en 1609, de nouvelles visions l'exhortèrent à reprendre le chemin de Paris. Début 1610, il se mit dans la tête de convaincre **Henri IV** de convertir les huguenots. Il tenta à deux reprises de voir le roi, sans succès. Il ne vit plus que l'attentat comme seule mesure permettant d'assouvir ses visions angoissées. Le 14 mai 1610, rue de la Ferronnerie, **Henri IV** rendit visite à son ami **Sully,** malade et alité à l'hôtel de l'Arsenal. Le carrosse fut un moment immobilisé. Ravaillac, qui avait suivi le roi depuis le Louvre, profita de ce moment pour porter deux coups de couteau au roi, dont le second, qui toucha l'aorte, fut mortel.
Ravaillac arrêté, on empêcha la foule de le lyncher pour qu'un procès puisse se tenir. Celui-ci ne donna rien. Ravaillac ne dénonça personne et les juges conclurent que le régicide était un illuminé dont la vie était marquée par l'instabilité mentale.
Malgré tout, par la suite, de nombreux historiens cherchèrent à vérifier si cet attentat n'était pas le résultat d'un complot espagnol, voire de sa propre épouse avec l'aide probable du **duc d'Épernon**, mais on ne trouva rien de déterminant.

Sous les règnes d'Henri IV et de Louis XIII

Le père Joseph (1577 – 1638)

Issu d'une famille de parlementaires, le père Joseph vécut dans un milieu étonnamment ouvert, marqué à la fois par le service de l'État et par un profond intérêt pour les questions religieuses. Capucin, en 1599, il se consacra à la réforme de son ordre, fonda, en 1606, celui des « Filles du Calvaire », prêcha des missions pour le Canada et la Turquie. Cette activité le fit remarquer de la cour. Bientôt, il devint l'une des figures importantes de la contre-réforme catholique. Ce fut en 1611 qu'il fit la connaissance de **Richelieu**, alors évêque de Luçon. De cette rencontre naquit une carrière politique dans l'ombre du cardinal. Sans céder au romanesque de certains historiens, tel Tallement des Réaux, il fut incontestablement « l'éminence grise » des grands projets du cardinal et celui des projets minutieusement préparés. Homme lige de **Richelieu** contre la maison d'Autriche, le « père Joseph, » fut pour beaucoup dans l'entrée de la Suède dans la guerre de Trente Ans. Son chef-d'œuvre diplomatique resta cependant la coalition des princes allemands contre l'empereur à la diète de Ratisbonne. À l'intérieur, il dirigea également le « réseau de renseignements » de **Richelieu**. François Leclerc du Tremblay qui ne fut connu que sous le surnom de « père Joseph » apparait aujourd'hui encore difficile à juger dès lors qu'avec ce personnage mystérieux réforme religieuse et passion politique se rejoignirent pour transformer ce mystique en homme d'action.

Sous le règne de Louis XIII

Albert de Luynes (1578 – 1621)

De petite noblesse provençale, il fut d'abord page d'**Henri IV**. Habile fauconnier, il s'attira l'amitié du jeune **Louis XIII**, grand amateur de ce type de chasse.

Aimable et pieux, il rassura ce roi timide et bègue, laissé de côté par sa mère et son favori **Concini**.

En 1617, avec l'aide de ses frères, Luynes fut l'instigateur de l'assassinat de **Concini**, qui empêchait le roi de régner. En remerciement, ce dernier le nomma à la tête du gouvernement. Pour travailler avec lui, le roi rappela les « barbons », comprendre les anciens ministres d'**Henri IV** (Jeannin, Du Vair, **Sillery**…)

Bientôt, Luynes devint le nouvel homme fort du royaume. Fait duc et pair en 1619, puis connétable en 1621. Cependant, jalousé par les grands (**d'Épernon**, **Mayenne**, Longueville…), Luynes vit bientôt naître une opposition intérieure, avec la révolte des grands ayant rejoint **Marie de Médicis**, que le roi avait reléguée à Blois.

Des accrochages militaires, notamment celui de **Ponts-de-Cé**, entre la mère et le fils, furent péniblement réglés par les traités d'Angoulême (1619) et d'Angers (1620). Mais Luynes ne put éviter le conflit avec les protestants, à la suite du rétablissement du catholicisme en Béarn. Piètre militaire, Luynes échoua devant **Montauban**, en août 1621. Il n'eut pas l'occasion de se racheter, car il fut emporté par une épidémie de scarlatine, en décembre 1621.

Sous les règnes d'Henri IV et de Louis XIII

Henriette d'Entragues (1579 – 1633)

Deux mois à peine après la mort de **Gabrielle d'Estrées**, **Henri IV** s'enticha d'une femme qui lui posa beaucoup de soucis. Brune, la taille fine, l'œil espiègle, Henriette d'Entrague était la fille de Marie Touchet (ancienne favorite de Charles IX) et de François d'Entragues, homme cupide et intrigant. Après avoir demandé de l'argent et des terres au roi, contre la virginité d'Henriette, François d'Entragues arracha la promesse « signée » du roi qu'il épouse sa fille. Entre-temps, pour des raisons politico-financières, **Henri IV** épousa **Marie de Médicis**, en octobre 1600. Toujours amoureux d'Henriette, le roi se mit alors en tête de faire vivre la reine et la favorite au Louvre. Une cohabitation impossible entre ces deux femmes qui s'insultaient (« grosse banquière » contre « p... du roi »). Pour des raisons politiques, jusqu'en mai 1610, **Henri IV** n'intronisa pas **Marie de Médicis** reine de France. Comme ces deux femmes accouchèrent à peu près en même temps d'un garçon, Henriette considéra que son fils devenait légitime pour être le dauphin. François d'Entragues et sa fille décidèrent alors, en 1604, d'entrer dans la conspiration du **duc de Bouillon** pour obliger le roi à tenir ses promesses d'antan. Le complot ayant été déjoué, le Parlement condamna Henriette au couvent à vie. Libérée par **Henri IV**, encore amoureux, son répit fut de courte durée. Henriette d'Entragues se trouva confrontée à une nouvelle rivale, Jacqueline de Bueil. En 1606, sa disgrâce fut alors définitive.

<u>Sous le règne de Louis XIII</u>

<u>Duc de Rohan (1579 – 1638)</u>

Grand homme de guerre, élevé dans le protestantisme le plus rigoureux, ce fut au siège d'Amiens qu'il se distingua pour la première fois, au côté d'**Henri IV**, en 1597. Créé duc et pair en 1603, il épousa la fille de **Sully**.
Après la mort d'**Henri IV**, il devint le chef des huguenots français et se heurta à la régente **Marie de Médicis**. Sous son commandement et celui **d'Henri de Condé**, les protestants du midi se soulevèrent et prirent Montauban, en 1615, avant de signer la paix un an plus tard. Le rétablissement du catholicisme en Béarn lui fit reprendre les armes, en 1621. Il les déposa une seconde fois après la conclusion en 1623 du **traité de Montpellier**. La guerre reprit, en 1627 autour de **La Rochelle**, Saint-Jean-d'Angély, **Montauban** et Montpellier. Malgré des victoires précaires et l'énergie de leur chef pour soutenir les derniers bastions, « les guerres de Monsieur de Rohan » furent un échec. Il fut finalement battu par le roi à Privas en 1629. La même année, la **paix d'Alès** mit un terme aux rébellions huguenotes. Rohan dut alors se retirer à Venise, mais rentré en grâce, il eut le temps de remplir quelques missions diplomatiques pour le compte de **Louis XIII** auprès des cantons suisses (en 1632). Il accepta en 1638, la proposition du Bernard de Saxe-Weimar, allié de la France, de reprendre les armes contre l'Allemagne. On lui confia un commandement alors qu'il était attaqué devant Rheinfeld. Il mourut des suites de ses blessures dans ces circonstances.

Sous le règne de Louis XIII

Cardinal de Richelieu (1585 – 1642)

L'un des plus grands personnages de l'histoire de France était issu d'une famille (les du Plessis de Richelieu) d'ancienne noblesse de robe et d'épée, mais pauvre et d'origine provinciale. Nommé évêque de Luçon en 1606 à 21 ans, Armand-Jean du Plessis commença sa carrière politique en étant élu député et porte-parole de l'Assemblée, aux États Généraux de Paris, en août 1614. La régente **Marie de Médicis** remarqua cet homme, brillant orateur, à l'intelligence vive et à l'autorité naturelle. En novembre 1616, Richelieu fut nommé ministre des Affaires étrangères sous la férule de **Concini**, le favori de la régente. Après l'assassinat de ce dernier, la **régente** et Richelieu furent disgraciées. Ce dernier fut cependant l'homme qui parvint à réconcilier, en deux occasions le roi **Louis XIII** et sa mère. En 1622, Richelieu devint cardinal, puis en avril 1624, **Louis XIII** le prit directement à son service. Très vite, Richelieu proposa au roi un programme fait de trois lignes directrices : La déchéance des protestants, trop bien implantés à la Rochelle, la mise au pas de la noblesse française afin d'affirmer l'autorité du roi et le désencerclement de la maison Habsbourg vis-à-vis du royaume de France. À la mort du cardinal, les deux premiers objectifs avaient été atteints. Quant au troisième, il ne le fut que partiellement. Dans le cadre de la guerre de « Trente ans », la France déclara finalement la guerre à l'Espagne, en mai 1635, aux côtés des protestants européens. Un conflit long et meurtrier qui ne s'acheva qu'en 1648, bien après la mort de Richelieu.

Sous le règne de Louis XIII

Henri II de Bourbon-Condé (1588 – 1646)

Curieux destin que ce prince du sang qui aurait pu devenir roi de France si **Marie de Médicis** n'avait pas eu de fils. Cousin d'**Henri IV**, déclaré « homosexuel » (?!) par ce dernier, le roi l'utilisa comme époux « complaisant » de Charlotte de Montmorency, dont il était tombé amoureux. Sauf que Condé et Charlotte s'enfuirent en Belgique, en 1609, pour échapper à la volonté d'**Henri IV**. Quand ce dernier fut assassiné par **Ravaillac**, **Henri de Bourbon** revint en France. Se posant alors en protecteur des protestants, il s'opposa à l'alliance matrimoniale avec l'Espagne, prévoyant le mariage de **Louis XIII** et de l'infante **Anne d'Autriche**. Par la **paix** de Loudun, Henri fit son entrée dans le conseil de régence mais s'opposa rapidement au favori de **Marie de Médicis**, l'aventurier **Concini**. Bientôt disgracié, Henri de Condé fut emprisonné de 1616 à 1619 à la Bastille puis à Vincennes. Malgré l'élimination de **Concini**, le jeune **Louis XIII** n'accepta pas de rendre sa liberté immédiatement à ce noble de haut rang. Il fut libéré enfin sur intervention du **duc de Luynes**. Dès lors, Condé accepta de faire campagne pour le compte du roi, au détriment de ses anciens amis protestants, qui s'étaient révoltés dans le sud du royaume, notamment en Languedoc. Puis, après l'entrée en guerre de la France contre l'Espagne, il échoua d'abord au siège de Fontarabie, en 1638, sur la frontière pyrénéenne, mais eut quelques succès dans le Roussillon. Le nom des « Condé » se couvrira bientôt de gloire avec l'avènement de son fils, **Louis II de Condé**.

Sous les règnes de Louis XIII et de Louis XIV

César de Bourbon-Vendôme (1594 – 1665)

Fils illégitime d'**Henri IV** et de **Gabrielle d'Estrées**, il fut légitimé dès sa naissance, en 1595, par son illustre père qui lui donna le duché de Vendôme, en 1598. Pour faire bonne mesure, il reçut également le titre de duc de Beaufort.

Ce fut avec ce titre qu'il gouverna la Bretagne jusqu'en 1626. Conformément au traité signé entre son père et **Philippe-Emmanuel de Lorraine**, il se maria à Françoise de Lorraine, en 1609. En 1623, il fonda le collège de Vendôme dont il confia l'administration à la congrégation des Oratoriens.

Pour le reste, il passa une bonne partie de sa vie à intriguer, aussi bien pendant la régence de **Marie de Médicis** que durant le règne de **Louis XIII**, qui était pourtant son demi-frère.

Impliqué dans la conspiration de **Chalais**, visant **Richelieu**, il fut emprisonné, en 1626 au Château de Vincennes. Il ne fut libéré qu'en 1630 et fut alors exilé en Hollande dont il ne revint que deux ans plus tard.

À nouveau exilé, cette fois-ci en Angleterre, il ne réapparut qu'en 1642 après la mort du cardinal de **Richelieu**. Il participa alors avec son second fils, François, à la « cabale des Importants ».

Ce ne fut qu'en 1651, avec le mariage de son fils Louis, **duc de Mercœur**, avec Laure Mancini, nièce du cardinal **Mazarin**, qu'il s'assagit et resta fidèle à **Anne d'Autriche** durant toute la **Fronde**.

Pour services alors rendus, il fut nommé grand amiral de France en 1651 et surintendant général de la navigation en 1655.

Sous le règne de Louis XIII

Henri II de Montmorency (1595 – 1632)

Le destin d'Henri II de Montmorency fut tragique. Dernier représentant de ce nom illustre, il hérita des titres et charges de sa famille (Amiral de France en 1612, gouverneur du Languedoc en 1613) avant de devenir duc à la mort de son père en 1614.
Très rapidement, le **cardinal de Richelieu** vit d'un mauvais œil ce fils de la haute noblesse, bon catholique, brillant à la cour et valeureux sur les champs de bataille (en Languedoc et en Italie).
Richelieu voyait en lui soit un potentiel rival, soit le leader de ces grands noms dont il entendait réduire l'influence. Après avoir combattu les protestants, de 1621 à 1625, Henri II de Montmorency participa à la campagne d'Italie, en 1630, et fut fait maréchal la même année. Sans vraiment partager les vues de **Gaston d'Orléans** et sans comprendre à quel point la conjuration était mal préparée, il se laissa entraîner, en 1632, dans la lutte ouverte contre **Richelieu**. Accusé de lèse-majesté, il se vit déchu de tous ses titres par un édit. À la tête des troupes des conjurés, il fut blessé au combat à Castelnaudary, en septembre 1632, puis fait prisonnier. Son procès, à Toulouse, souleva dans toute l'Europe une émotion considérable. Le roi Charles Ier d'Angleterre, le **duc de Savoie**, la République de Venise et le pape demandèrent en vain à **Louis XIII** de le gracier. Mais la royauté avait besoin d'un éclatant exemple pour affirmer qu'aucun sujet, si haut placé soit-il, ne pouvait se révolter contre le souverain. Il fut décapité à huis-clos.

Sous le règne de Louis XIII

Henri de Talleyrand-Périgord (1599 – 1626)
(Comte de Chalais)

De belle naissance, mais de petite noblesse, Henri de Talleyrand-Périgord commença sa carrière comme maître de la garde-robe royale. Le jeune Henri avait également le goût de l'action et participa notamment au **siège de Montauban**, en 1621, contre la rébellion huguenote. En 1623, duelliste talentueux, et pour s'attirer les faveurs de **madame de Rohan**, duchesse de Chevreuse, il tua l'un de ses adversaires.
La duchesse considéra que cet homme pourrait lui être utile pour se débarrasser de **Richelieu**, le prélat qui voulait mettre au pas la noblesse française. Une conspiration naquit ayant pour prétexte le projet de mariage formé par **Louis XIII** et **Richelieu** entre **Gaston de France**, le frère du roi, et **Mademoiselle de Montpensier**. **Gaston**, poussé également par le maréchal d'Ornano, ne voulait absolument pas de ce mariage. À l'été 1626, on s'attacha les services du comte de Chalais. Le but avoué était l'assassinat de **Richelieu**. Mais le secret fut rapidement éventé et **Richelieu** n'eut plus qu'à sévir. Pour se sauver, **Gaston** livra tous ses complices. Chalais fut arrêté ainsi que le maréchal d'Ornano, **César** et Alexandre **de Vendôme**, demi-frères du roi et de **Gaston**. Seul conjuré à ne pas jouir d'un prestige familial qui vaille immunité ou la prison, Chalais fut jugé et condamné à la décapitation. Une peine qui, faute de bourreau professionnel, tourna au massacre. (29 coups de hache furent assénés !!)

Sous le règne de Louis XIII

François de Montmorency-Bouteville (1600 – 1627)

François de Montmorency-Bouteville fut un gentilhomme français du XVIIe siècle né de balle famille. Avant d'avoir quelques ennuis avec **Richelieu**, il servit brillamment sous **Louis XIII** aux sièges de Saint-Jean-d'Angély, de **Montauban**, de Royan et de Montpellier, pour écraser la révolte huguenote.
À Paris, trop de duels mortifères décapitaient « inutilement » la jeune noblesse française. En mars 1626, à la demande de **Richelieu**, un édit royal institua la peine capitale pour tous ceux des duellistes multirécidivistes. François de Montmorency-Bouteville était devenu à Paris l'archétype de ceux que visait **Richelieu**.
Après plusieurs duels où il tua ses adversaires, il dut d'abord s'enfuir à Bruxelles. Malgré l'intercession de plusieurs personnes de haute noblesse, **Louis XIII** refusa de lui pardonner. Furieux, François de Montmorency-Bouteville jura alors d'aller se battre de jour, en plein Paris. Capturés par les mousquetaires du roi, Montmorency et son second, Rosmadec, furent envoyés à la Bastille. En juin 1627, le parlement de Paris prononça contre eux la sentence de mort par décapitation (réservée aux condamnés appartenant à la noblesse française). Malgré les demandes de grâce faites par divers membres de la haute noblesse, **Louis XIII** demeura inflexible. Il est vrai que dans une séance du Conseil, le cardinal de **Richelieu**, s'adressant au roi, avait résumé ainsi la situation :
« *Sire, est-il question de couper la gorge aux duels ou bien de couper la gorge aux lois de Votre Majesté ?* ».

Sous les règnes de Louis XIII et de Louis XIV

Duchesse de Chevreuse (1600 – 1679)

Résumer en quelques lignes la vie de Marie de Rohan-Montbazon, duchesse de Chevreuse, est un exercice difficile. Mariée à 17 ans au **duc de Luynes,** qui fut le favori de **Louis XIII,** elle se remaria, en 1622, avec Claude de Lorraine, duc de Chevreuse, second fils d'Henri de Guise.

En devenant membre de la maison de Lorraine, une maison « souveraine » la duchesse de Chevreuse, amazone peu farouche, devint quasiment intouchable. Ce fut la principale raison pour laquelle malgré ses innombrables complots politiques et une vie galante internationale, elle ne fut qu'éloignée régulièrement de la cour sans être autrement condamnée. Elle resta également longtemps amie de la reine **Anne d'Autriche** qui resta fidèle à l'Espagne jusqu'à la naissance de son fils, le futur **Louis XIV.**

Parmi ses plus hauts faits d'armes, citons la conspiration de « **Chalais** » destinée à la fois à éliminer **Richelieu** et à substituer **Gaston d'Orléans** à **Louis XIII** ! Son rôle d'entremetteuse visant à rapprocher **Anne d'Autriche** du duc de Buckingham. Son entregent pour pousser son amant, le marquis de Châteauneuf (Garde des sceaux) à remplacer **Richelieu**. Ses participations au complot du comte de Soissons et à la conspiration de **Cinq-Mars.**

À la mort de **Louis XIII,** en 1643, exilée en Espagne elle regagna la France, pour se jeter, cette fois-ci dans la **« Fronde »** et l'opposition à **Mazarin.** Son âge, la fin des troubles et la reprise en main du pouvoir par **Louis XIV,** mirent un terme à sa haute carrière d'intrigante politique.

Sous les règnes de Louis XIII et de Louis XIV

Anne d'Autriche (1601 – 1666)

Anne d'Autriche était de haute lignée (Habsbourg d'Espagne) puisque fille du roi Philippe III d'Espagne et de Marguerite d'Autriche. À l'initiative de **Marie de Médicis** qui souhaitait se rapprocher des catholiques espagnols, Anne épousa après de longues négociations le jeune roi de France **Louis XIII**, en 1615. Ils avaient tous les deux 14 ans. Leurs relations furent difficiles à l'adolescence et de qualité variable à l'âge adulte.

De par sa personnalité, autoritaire et têtue, Anne d'Autriche suscitait amitiés fidèles (tel celle du duc de Buckingham) et animosités redoutables (principalement celle du cardinal de **Richelieu**).

Du temps où elle fut reine, elle intrigua à la tête du parti dévot en défendant l'alliance avec l'Espagne contre **Richelieu** et fut plus ou moins mêlée à divers complots, sous l'influence notamment de la **duchesse de Chevreuse,** qui fut longtemps son amie.

La naissance tardive en 1638 du dauphin Louis la sauva probablement d'une disgrâce. À la mort de **Louis XIII,** Anne obtint du Parlement la régence du royaume pendant la minorité de **Louis XIV**. Elle s'appuya alors sur **Mazarin**, notamment pendant les périodes troublées des « **Frondes** » pour renforcer le pouvoir de son fils. Après la mort de **Mazarin**, en 1661 et la prise du pouvoir de **Louis XIV**, Anne d'Autriche se retira à l'abbaye du Val-de-Grâce, qu'elle avait fait construire en 1621.

Sous les règnes de Louis XIII et de Louis XIV

Cardinal de Mazarin (1602 – 1661)

Jules Mazarin était né italien. Sa formation de jésuite et sa connaissance des langues firent qu'il fut, de tout temps, considéré comme un très habile négociateur. Ayant rendu de notables services à la France, ce fut **Richelieu** qui le proposa à **Anne d'Autriche** pour lui succéder, pendant la minorité de **Louis XIV**. Mazarin fut finalement l'homme fort du royaume jusqu'à sa mort, en 1661, alors que le roi avait déjà 23 ans.

Cela fut possible en raison de l'indéfectible soutien que lui accorda **Anne d'Autriche** (on parla même d'un mariage secret) et de l'entière confiance du roi envers son parrain, qui lui apprit l'art de gouverner les hommes.

Quatre grands évènements émaillèrent la carrière de Mazarin.

À l'intérieur, il dut mâter dès 1643 une cabale nobiliaire dite des « Importants » puis recommencer avec beaucoup plus de difficultés contre les « **frondes** » parlementaires et des princes de 1648 à 1653.

À l'extérieur, il acheva la politique d'abaissement des Habsbourg d'Allemagne jusqu'à la signature **des traités de Westphalie,** en 1648 et mit fin à la guerre contre les Habsbourg d'Espagne par l'avantageux **traité des Pyrénées** de 1659.

Mazarin mourut à la fois enrichi de ses détournements financiers et haï par presque tout le monde. Cependant, les historiens considèrent qu'en poursuivant la politique de **Richelieu,** il mit en place le cadre définitif qui permit l'absolutisme royal à venir.

Sous les règnes de Louis XIII et de Louis XIV

Gaston d'Orléans (1608 – 1660)

Velléitaire, inconstant, libertin, Gaston de France passa sa vie à conspirer, d'abord contre le roi son frère, ensuite contre le **cardinal de Richelieu, enfin** contre sa belle-sœur **Anne d'Autriche** et le **cardinal Mazarin**. Ces conspirations, puériles pour la plupart (**Richelieu** puis **Mazarin** le faisaient surveiller), échouèrent toujours faute de réel projet politique et surtout d'assise personnelle. Pour ternir encore plus son image, Gaston, lui-même intouchable puisque héritier du trône de France, dénonça souvent ses complices par lâcheté. En 1630, il participa à la révolte du **duc de Montmorency**. À la tête d'une armée de mercenaires, il appela le royaume à la révolte, avant de s'enfuir en Lorraine après la défaite **d'Henri II de Montmorency** à Castelnaudary.

En 1631-32, il intrigua de nouveau et publia un manifeste politique contre l'absolutisme. En 1634, il conclut un traité secret avec l'Espagne et complota contre **Richelieu** avec l'aide du comte de Soissons. En 1636, il participa au côté du roi au **siège de Corbie**, mais reprit ses conspirations. En 1642, celle de **Cinq-Mars**, qui visait à faire de Gaston le lieutenant général du royaume, échoua une nouvelle fois. À la mort de **Louis XIII**, Gaston de France fut nommé lieutenant-général du royaume. Mais ce fut bien **Anne d'Autriche** qui s'imposa au parlement de Paris comme régente. Plus tard, Gaston participa encore à la **« Fronde »**, mais **Mazarin** le fit exiler dans son château de Blois, en 1652, où il mourut quelques années plus tard. Enfin…

<u>Sous le règne de Louis XIV</u>

<u>Henri II de la Tour-d'Auvergne (1611 – 1675)</u>
(Vicomte de Turenne)

Le vicomte de Turenne fut l'un des plus grands militaires de son époque. Il cumulait de nombreuses qualités, la bravoure, l'aptitude au commandement, le sens stratégique.
À 32 ans, il était déjà maréchal de France. À 50 ans, maréchal général des armées du roi. Pendant la « **Fronde » des Princes** (1650-1653) il se fourvoya quelque temps pour les beaux yeux de la duchesse de Longueville, sœur du **grand Condé**.
Battu à Rethel, dans les Ardennes, en 1650, il se reprit et sollicita le pardon de **Louis XIV**. Dès lors sa loyauté au roi de France fut définitive. En juin 1658, par la **bataille des Dunes**, il contraignit **Dunkerque** à la reddition et ouvrit ainsi la voie à la conquête d'une partie de la Flandre espagnole. **Louis XIV** put ainsi conclure la **paix** « avantageuse » **des Pyrénées**. En 1668, Turenne entreprit, pour le compte de **Louis XIV**, la **guerre de Dévolution**. En 1674, pendant la **guerre de Hollande** (1672-1678), il occupa l'Alsace ainsi que le Palatinat, n'hésitant pas à dévaster ces régions, en vue d'affamer l'armée des impériaux et de la couper de ses bases de ravitaillement. Pris à revers par les troupes de l'archiduc d'Autriche, Turenne évacua l'Alsace, mais, en plein hiver, repartit à l'offensive. Les impériaux furent écrasés à Turckheim en janvier 1675. Le maréchal général reçut alors un accueil triomphal à Paris. Lors d'un dernier engagement à Salzbach, en Autriche, il mourut sur le champ de bataille, emporté par un boulet, en 1675.

Sous le règne de Louis XIV

Jean-François Paul de Gondi (1613 – 1679)
(Cardinal de Retz)

Destiné au siège archiépiscopal de Paris que détenait son oncle, Paul de Gondi dut s'orienter de bonne heure vers des études théologiques. Pourtant, il s'intéressait davantage aux conspirations et aux héros antiques qu'aux saints hommes. Dès 1636, à l'âge de 23 ans, il fut de la conspiration menée par le comte de Soissons contre **Richelieu**. Considéré comme un factieux, Gondi dut attendre la mort du cardinal et du roi pour être nommé coadjuteur de l'archevêque de Paris par la régente **Anne d'Autriche**. Quand débuta la « **Fronde parlementaire** », en 1648, il fut au premier rang des opposants à **Mazarin**, essayant d'imposer son autorité aux différents groupes de mécontents. En 1650, il s'allia à **Anne d'Autriche** contre **Condé** qui se rebellait à son tour. Lorsque ce dernier fut défait par **Turenne**, Paul de Gondi devint enfin cardinal en 1652. Mais au retour de **Mazarin,** quand la **Fronde des princes** reprit, il fut désavoué. En 1654, il succéda à son oncle et récupéra le siège archiépiscopal. **Mazarin** réclama sa démission, en vain, et l'emprisonna au château de Nantes. Retz réussit à s'évader et trouva refuge en Espagne, en Italie et en Flandre. À la mort de **Mazarin**, il accepta de démissionner du siège d'archevêque. Exilé dans son château de Commercy, il fut chargé de participer à de nombreux conclaves entre 1662 et 1670. Puis il se consacra à l'écriture de ses célèbres « Mémoires », un témoignage historique intéressant bien que quelque peu romancé.

Sous le règne de Louis XIV

Nicolas Fouquet (1615 – 1680)

Issu d'une famille de marchands angevins, qui se tourna au XVIe siècle vers la robe et le service du roi, Nicolas Fouquet a gravi peu à peu les échelons d'une carrière parlementaire classique, avant d'acheter en 1650, la charge prestigieuse de procureur général du parlement de Paris. Fidèle au roi et à **Mazarin** pendant les **« Frondes »,** il fut alors choisi, en 1653, comme surintendant des Finances. La situation financière du pays était alors dans un état difficile. Et il fallait de l'argent pour financer la guerre contre l'Espagne. Fouquet réussit pourtant à restaurer le crédit de l'État, en n'hésitant pas à engager sa fortune personnelle et travailla ensuite à un plan de redressement des finances royales. Mais selon toute vraisemblance Fouquet finit un peu par mélanger argent public et argent privé. Il devint ostensiblement riche, s'acheta des terres en Bretagne et fit embellir son magnifique château de Vaux-le-Vicomte, pour lequel il fit appel aux plus grands artistes de l'époque (Le Vau, Le Brun, Girardon, Le Nôtre). Cette opulence fut sa perte. Jalousé par **Colbert** qui voulait prendre sa place, Fouquet eut la très grande malchance de tomber sur un **Louis XIV** désireux de gouverner seul, en monarque absolu. Personne ne devait lui faire de l'ombre. Après un procès à charge qui dura trois ans, où on l'accusa sans réelles preuves de comploter contre la sureté de l'État, Fouquet fut condamné au bannissement perpétuel. Une condamnation que le roi commua en prison à vie dans la forteresse de Pignerol. Fouquet y resta près de vingt ans avant de mourir, oublié de tous.

<u>Sous le règne de Louis XIV</u>

<u>Colbert (1619 – 1683)</u>

Jean-Baptiste Colbert était le fils d'un drapier rémois. Formé dans sa jeunesse au droit et à la finance, il fut d'abord parrainé par **Mazarin** qui lui confia la gestion de sa fortune.
Ayant démontré de grandes capacités d'organisation, une impressionnante puissance de travail, il parvint à faire disgracier, en 1661 son rival, le surintendant des Finances, **Nicolas Fouquet.**
De tempérament froid (Madame de Sévigné le surnommait « le Nord ») et minutieux, Colbert devint rapidement le principal collaborateur du roi. Pendant plus de vingt ans, ce dernier le chargea de multiples tâches (contrôleur général des Finances, secrétaire d'État de la maison du roi et de la marine, surintendant des Bâtiments, des postes et des Eaux et Forêts…) qu'il mena à bien malgré les grandes ponctions financières liées aux innombrables guerres de **Louis XIV**. Colbert favorisa notamment le développement du commerce et de l'industrie via l'intervention directe de l'État. Ce fut cette politique interventionniste, nouvelle en France, que l'on appela le « colbertisme ». Il encouragea également la création de manufactures royales (Les Gobelins, Saint-Gobain…) et créa de grandes compagnies maritimes pour inciter les élites du royaume à se tourner vers le commerce au détriment des rentes et des offices. Enfin, il mit en place une grande marine de guerre en réaménageant de nombreux arsenaux (Brest, Toulon, Dunkerque et Rochefort). En résumé, il fut un homme clé dans la première partie du règne de **Louis XIV**.

<u>Sous le règne de Louis XIII</u>

<u>Marquis de Cinq-Mars (1620 – 1642)</u>

Lorsque le marquis d'Effiat mourut en 1632, son fils, le marquis de Cinq-Mars n'avait que 12 ans et **Richelieu** le prit sous sa protection. Le cardinal poussa par la suite son protégé, séduisant, drôle et même insolent, vers un **Louis XIII** désabusé et mélancolique. De fait, Cinq-Mars devint rapidement grand maître de la garde-robe royale puis grand écuyer du roi en 1639.

À compter de cet instant, l'ambition du « favori » ne cessa de croître et il multiplia les demandes de faveurs, par exemple celle d'épouser Marie de Gonzague, Princesse de Mantoue.

Pour des considérations de politique générale, **Richelieu** s'y opposa et devint un obstacle aux ambitions de Cinq-Mars. Ce dernier, furieux, conspira dès lors contre la politique anti-espagnole de son ancien protecteur.

Un plan fut donc ourdi dans lequel le cardinal serait assassiné, obligeant le roi à signer la paix avec les Espagnols qui récupéreraient à l'occasion certains territoires. Ce plan, puéril, fut naturellement déjoué par les services de renseignements de **Richelieu**. Cinq-Mars et son ami François Auguste de Thou, jugé complice par son silence, furent décapités à Lyon en septembre 1642. **Gaston d'Orléans**, frère du roi et **Anne d'Autriche**, son épouse, qui avaient probablement participé (ou été informés) du complot, ne furent pas inquiétés en raison de leur position.

Sous le règne de Louis XIV

Louis II de Bourbon-Condé (1621 – 1686)
(dit le grand Condé)

Louis de Bourbon-Condé, prince de sang royal, fut l'un des grands personnages du règne de **Louis XIV**. Très jeune, il s'auréola dans le cadre de la « guerre de Trente Ans » de multiples succès militaires (**Rocroi, Fribourg, Nördlingen, Dunkerque, Lens**…). Mais il n'était pas qu'un simple homme de guerre. Doté de titres nobiliaires prestigieux, il se montrait volontiers méprisant pour ceux qui n'étaient pas bien nés. Notamment envers le cardinal de **Mazarin** qui, selon lui, poursuivait la politique trop absolutiste de **Richelieu**. Aussi, pendant la minorité du roi, Condé conspira… De 1650 à 1652, Louis II mena à partir des régions qu'il contrôlait (la Bourgogne, le Berry et la Guyenne) une quasi-guerre aux troupes royales, qui se termina par la conquête partielle de Paris. Mais, maladroit, brutal et finalement peu politique, il se fit rejeter par les édiles parisiens et se lassa lui-même de combats sans fin. **Louis XIV** étant devenu apte juridiquement à régner, le prince de Condé quitta la France en octobre 1652 pour se mettre au service de l'Espagne. Grâce à la signature du **traité des Pyrénées**, après la défaite des **Dunes** en 1658, le retour en grâce de Condé fut possible. En 1660, il récupéra son gouvernement de Bourgogne et reçut alors une armée pour mener à bien la **guerre de Dévolution**. Il se signala encore lors de la conquête de la Franche-Comté et celle de Hollande où il remporta une dernière victoire, en 1674, à Seneffe, avant de se retirer dans son domaine de Chantilly.

<u>Sous le règne de Louis XIV</u>

Anne-Marie Louise d'Orléans (1627 – 1693)
(dite « la Grande Mademoiselle »)

Marie Louise d'Orléans, duchesse de Montpensier, tira son surnom de son père **Gaston de France**, frère du roi **Louis XIII** et à ce titre, « Grand Monsieur ». Indépendante, dotée d'un fort caractère, la « Grande Mademoiselle » n'hésita jamais à tenir tête à son père et au roi au sujet de mariages qu'on voulait lui imposer ou de la gestion de sa colossale fortune. Des biens qu'elle tint à gérer directement, à sa majorité, devenant même une redoutable femme d'affaires. Pendant la « **Fronde** », elle choisit de rejoindre son père qui luttait contre la monarchie et la centralisation voulue par **Mazarin**. En juillet 1652, le **prince de Condé** et ses partisans se trouvaient bloqués devant l'enceinte parisienne sous la menace des troupes royales conduites par **Turenne**. Pour sauver le prince (qu'elle voulait épouser) elle fit tirer le canon de la Bastille (avec l'accord de son père) sur les troupes royales, une action qui donna du temps à **Condé** pour investir Paris. En réaction, **Louis XIV** l'exila en Bourgogne durant trois ans. Rappelée à la Cour en 1657, elle commença à rédiger ses mémoires, restées un précieux témoignage sur la vie d'une femme de cette époque, prisonnière de son éducation et de son rang.

En 1660, elle s'éloigna à nouveau de la Cour en s'offrant le château d'Eu en Normandie. Courtisée plus tard, en 1670, par Lauzin, célèbre séducteur coureur de dots, elle l'aurait épousé secrètement en 1671. Un couple improbable qui fut sans avenir.

Sous le règne de Louis XIV

François-Henri de Montmorency (1628 – 1695)
(Maréchal de Luxembourg)

Curieux destin que celui du maréchal de Luxembourg. C'était le fils du **comte de Bouteville** qui s'était battu en duel à Paris, bravant l'interdit de **Richelieu**. Élevé en compagnie de son cousin, le « **grand Condé** », ils eurent un destin commun. Il combattit ainsi sous ses ordres, et avec succès, de **Rocroi** à **Lens**, en passant par Thionville, **Fribourg**, Philisbourg Furnes et **Dunkerque**. Il suivit même **Condé** dans sa « **Fronde** » et passa du côté espagnol. Après bien des péripéties, il fut fait prisonnier à la **bataille des Dunes** en juin 1658. Libéré et disgracié après la **paix des Pyrénées** en 1659, il reprit bientôt du service.
Gouverneur de Hollande, il battit le prince d'Orange (Guillaume III) à Woerden et ravagea même la région. En 1675, il devint maréchal de France et enregistra de nouveaux succès. Disgracié cependant une troisième fois après s'être embrouillé avec **Louvois**, il revint au moment de la guerre de la **Ligue d'Augsbourg.**
En juillet 1690 il remporta une grande victoire sur le prince de Waldeck à la bataille de Fleurus, en Wallonie. L'année suivante, il commandait l'armée victorieuse à la bataille de Leuze. Puis il défit une nouvelle fois le prince d'Orange à la bataille de Steinkerque en 1692 et à la bataille de Neerwinden en 1693. Ce fut pourquoi on le surnomma « le tapissier de Notre-Dame » en raison du grand nombre de drapeaux ennemis pris par ses troupes sur les champs de bataille, décorant la nef et le chœur de la cathédrale de Paris.

Sous le règne de Louis XIV

Sébastien le Prestre (1633 – 1707)
(Marquis de Vauban)

Sébastien le Prestre, marquis de Vauban, fut l'une des personnalités les plus « évoluées » de son temps. Ses compétences étaient multiples. Militaire, ingénieur, architecte, urbaniste…
Avec un tel profil, il correspondait avant l'heure aux hommes des « Lumières » du XVIIIe siècle. Créatif et observateur, il préférait gérer utilement les subsides dont il disposait. Voilà pourquoi il ne voyait pas l'intérêt de rendre totalement inexpugnable ses célèbres fortifications. Il préférait que celles-ci découragent l'adversaire par le temps qu'il fallait passer pour les investir.
Sa philosophie « défensive » reposait en outre sur la mise en place d'une « ceinture de fer » aux seules frontières terrestres du royaume tout en dégarnissant les cités intérieures afin de faire porter le gros des moyens (garnisons, munitions et artillerie) là où les besoins de sécurité s'avéraient réellement nécessaires.
Il entoura par ailleurs toutes ses forteresses de véritables « glacis » de bastions, tours et redoutes, obligeant l'assiégeant à immobiliser longtemps de nombreuses troupes pour un résultat assez incertain..
Dès lors, malgré toutes les guerres engagées par **Louis XIV**, le royaume de France devint, dans la seconde partie du XVIIe siècle, un véritable « pré carré » sécurisé. Les ouvrages de Vauban furent d'ailleurs d'une qualité telle que les vestiges de douze d'entre eux sont désormais classés au patrimoine mondial de l'Unesco.

Sous le règne de Louis XIV

Madame de Maintenon (1635 – 1719)

Madame de Maintenon n'eut pas un destin ordinaire. Née en prison à Niort, Françoise d'Aubigné était la petite fille du poète protestant Agrippa d'Aubigné.

Élevée par une tante dans la foi calviniste, elle vécut son enfance en Martinique. À la mort de son père, elle fut recueillie par sa marraine qui la plaça chez les « Ursulines » afin qu'elle soit convertie de nouveau au catholicisme. Pour éviter le couvent, elle épousa à 17 ans Paul Scarron, un poète libertin difforme et paralytique, de 25 ans son aîné. Après la mort de son époux, en 1660, elle fut remarquée par **Madame de Montespan,** maîtresse du roi qui en fit la gouvernante des enfants du couple, en 1669.

Françoise « veuve » Scarron commença à prendre de l'importance à partir de 1675, lorsque **Louis XIV**, qui appréciait sa discrétion, la nomma « marquise de Maintenon ». Un titre que les courtisans, sentant le vent tourner, transformèrent ironiquement en « madame de Maintenant »

En 1683, quand la reine Marie-Thérèse mourut et que le roi arrêta ses frasques sentimentales, il épousa secrètement cette femme à la morale sans faille. Certains historiens considèrent que Madame de Maintenon, reine « morganatique », eut une influence réelle sur le roi, notamment sur les sujets religieux. Pour d'autres, elle fut surtout la confidente et le soutien psychologique d'un monarque vieillissant qui la surnommait « votre Solidité »

Sous le règne de Louis XIV

Philippe II d'Orléans (1640 – 1701)

Philippe II d'Orléans fut le second fils de **Louis XIII** et **d'Anne d'Autriche**. C'était le mal aimé de la famille royale tant en raison de la personnalité écrasante de son frère ainé, **Louis XIV**, que de ses mœurs considérées comme équivoques.

Malgré tout, on le maria à la fille de Charles Ier d'Angleterre. Henriette Anne d'Angleterre. Cette dernière décèdera cependant très jeune à 26 ans. Pour l'étiquette, on remaria alors Philippe d'Orléans à la « **Princesse Palatine** » qui, férue de mémoires laissées à la postérité, dressa de son époux un portrait sans complaisance *« petit et rondelet, au visage desservi par un long nez et une bouche trop petite, garnie de vilaines dents »*

Mais le pire était à venir. Lors de la **succession de Charles II d'Espagne**, dernier représentant des Habsbourg d'Espagne, ce fut au petit-fils de **Louis XIV** – qui régnera sous le nom de **Philippe V** - que l'on proposa la couronne d'Espagne. Un testament discutable fait au détriment de Philippe d'Orléans privé des droits découlant de sa mère, **Anne d'Autriche**.

Enfin, ultime vexation, **Louis XIV** dédaigna en permanence son neveu, fils de Philippe d'Orléans et de la **princesse Palatine**, qui avait pourtant épousé mademoiselle de Blois, fille naturelle et légitimée du souverain et de **madame de Montespan.**

Sans surprise, suite à sa vie de débauches et de libations, Philippe d'Orléans mourut d'une crise d'apoplexie.

<u>Sous le règne de Louis XIV</u>

<u>Madame de Montespan (1640 – 1707)</u>

Née dans une vieille famille poitevine, Françoise de Rochechouart de Mortemart se maria assez jeune, à 23 ans, au dépensier et jaloux marquis de Montespan. Introduite à la Cour, sa beauté, son caractère volcanique et son esprit mordant séduisirent rapidement **Louis XIV**, que les femmes ne laissaient jamais indifférent. Devenue la favorite du roi en 1667, madame de Montespan eut une influence certaine sur la cour, bien plus que sur les affaires publiques. Mécène, elle protégea les grands auteurs de l'époque (La Fontaine, Molière, Racine, Boileau …)
Son statut de favorite lui conféra de nombreux privilèges. En 1679, elle fut nommée surintendante de la Maison de la reine, Marie-Thérèse, avec rang de duchesse. Preuve que **Louis XIV** n'avait sur ces sujets vraiment aucun scrupule. La marquise donna sept enfants au roi dont six furent légitimés.
La chute de madame de Montespan se fit en deux temps. À compter de 1680, le roi commença à se tourner vers la pieuse et paisible **madame de Maintenon**. Puis l'arrestation d'une ancienne accoucheuse, la Voisin, pourvoyeuse de « poudres de succession » (en clair de poisons) démontra que certaines personnalités de la cour avaient eu affaire à cette « sorcière ». Cette dernière fut certes brûlée, mais l'enquête démontra que madame de Montespan avait approché cette personne pour conserver l'amour du roi via des « philtres d'amour ». La Montespan ne fut certes pas inquiétée, mais perdit le roi. Elle termina sa vie dans la dévotion…

<u>Sous le règne de Louis XIV</u>

François-Michel Le Tellier (1641 – 1691)
(Marquis de Louvois)

Sous **Louis XIV,** le département de la guerre fut la chasse gardée de la famille Le Tellier. Le père, Michel, détint cette charge, à compter de 1643. Le petit-fils reprit le flambeau de 1691 à 1701, mais la grande figure de ce département – majeur - fut le fils François-Michel qui occupa le poste au cœur des innombrables guerres de l'époque de 1667 à 1691. Dès 1672, il devint ministre d'État et entra au Conseil d'en haut. Travailleur, mais brutal et orgueilleux, Louvois fut apprécié du roi qui le garda même quand les militaires n'appréciaient pas que certaines stratégies soient élaborées dans son cabinet. Sous son ministère, l'armée devint largement nationale, mais les besoins étaient énormes. Louvois créa une milice, permettant de lever des hommes supplémentaires par tirage au sort. Il renforça le contrôle de l'administration royale sur l'armée avec les commissaires de guerre. Louvois s'efforça également de favoriser davantage la compétence rapportée à la naissance. L'ordre militaire de Saint-Louis fut créé pour récompenser les officiers s'étant distingués au combat. Louvois fut également celui à qui l'on confia la tâche de créer une enceinte militaire (les Invalides) dédiée aux soldats blessés ou trop âgés pour servir. Afin d'obtenir les conversions forcées des protestants, ce fut à lui également qiue l'on dut les « dragonnades » qui allaient terroriser les populations du sud du pays.
Ces exactions brutales portèrent leurs fruits, bien que sur ce sujet Louvois s'attira la haine et le mépris de **madame de Maintenon.**

Sous le règne de Louis XIV

René Cavelier de la Salle (1643 – 1687)

René Cavelier de la Salle fut un explorateur-voyageur précoce. Dès l'âge de 24 ans, il partit en Nouvelle-France (le Canada d'aujourd'hui) rejoindre son frère, missionnaire à Montréal. Doué pour les langues, il communiqua rapidement avec les Amérindiens et commença à chercher des territoires nouveaux au nom de **Louis XIV**. Au cours de ses trois voyages, entre 1667 et 1687, il parcourut la région des grands lacs des États-Unis et du Canada, puis le fleuve Mississippi, découvrant les territoires situés entre la vallée du Saint-Laurent et le delta du Mississippi.

Pour défendre ces territoires vierges de toute présence européenne, Cavelier fit construire des « forts » dont le plus célèbre s'appela « Fort Frontenac » à Kingston, près du lac Ontario.

Anobli en 1675, il parcourut en 1678 toute la région des grands lacs américains et fonda Fort-Joseph au sud du lac Michigan. En 1682, il descendit le cours du Mississippi réalisant la première liaison par les Européens entre les grands lacs américains et le golfe du Mexique. À l'embouchure du Mississippi il prit possession des terres au nom de **Louis XIV**, qu'il appela la Louisiane.

Pour coloniser cette région, Cavelier de la Salle revint en Amérique en 1684, avec une flottille, des soldats et des candidats colons. Mais il se perdit vers le Texas et ne parvint pas à retrouver la Louisiane. Il fut tué en 1687, suite à une mutinerie de ses hommes, fatigués de la longueur inutile de cette expédition.

Sous le règne de Louis XIV

Charlotte-Élizabeth de Bavière (1652 – 1722)
(dite « Princesse Palatine »)

Charlotte-Élizabeth de Bavière était la fille d'un comte palatin du Rhin (l'un des sept princes allemands qui élisaient l'empereur romain germanique). Pour des raisons politiques, la princesse Palatine, femme corpulente et sans charme, mais pleine de bon sens et observatrice, dut épouser, en 1671 le frère de **Louis XIV**, **Philippe II d'Orléans**, encore appelé « Monsieur ». Dès ce jour, elle devint donc à la fois duchesse d'Orléans et « Madame ».
Ceci précisé, la princesse Palatine (dite « Liselotte ») rentra dans l'histoire pour deux autres raisons.
D'abord, en étant la mère de **Philippe d'Orléans**, qui deviendra régent en 1715 à la mort de **Louis XIV** et surtout en laissant derrière elle une impressionnante correspondance, écrite surtout en allemand, parfois en français.
Sur les quelque soixante mille lettres qu'elle aurait rédigées, il en resterait 10 %, ce qui constitue une source historique non négligeable, notamment sur la dépravation des mœurs de l'époque. Dans ce domaine, elle dressa, avec finesse et humour, certains portraits sans concessions dont celui de **madame de Maintenon**, qu'elle détestait. Cette correspondance est toutefois controversée, non pas sur la réalité de son contenu, (Liselotte résida longtemps à la cour) mais surtout sur l'intérêt réel de l'exercice (elle ne parlait jamais de politique, ni du roi **Louis XIV** qu'elle admirait).

Sous le règne de Louis XIV

Maréchal de Villars (1653 – 1734)

Le maréchal de Villars fut le plus célèbre militaire français au début du XVIIIe siècle.

Durant la **guerre de succession d'Espagne**, il a, en deux circonstances, à **Malplaquet** (1709) et à **Denain** (1712), sauvé d'une invasion le royaume de **Louis XIV**. Pour autant, rarement un général aura autant suscité de sentiments contradictoires. Tantôt considéré comme l'un des plus grands capitaines de son temps, tantôt présenté comme un général limité mais chanceux, Louis-Hector de Villars n'a pas laissé ses contemporains indifférents.

Au cours d'un demi-siècle de carrière militaire, Villars a brigué et obtenu les plus hautes dignités : maréchal de France, duc, pair de France, chevalier de l'ordre du Saint-Esprit, chevalier de la Toison d'Or. Très ambitieux, il fit de chaque campagne l'occasion de revendiquer des distinctions supplémentaires.

Confiant en sa bonne étoile, il s'autoproclama « *le seul général de l'Europe dont le bonheur n'ait jamais été altéré à la guerre* ». Vaniteux, égocentrique, séduisant, inapte au compromis, esprit fécond mais capable de bassesses... Villars était tout cela en même temps et, paradoxalement, sans la moindre contradiction entre les multiples facettes de son personnage.

Sous la régence, il présida le conseil de guerre. Juste avant de mourir octogénaire, il reçut de **Louis XV** la dignité de « maréchal général des camps et armées du roi » que seul avait porté avant lui l'illustre **vicomte de Turenne**.

Sous le règne de Louis XV

Philippe d'Orléans (1656 – 1723)
(dit « le Régent »)

Philippe d'Orléans était le neveu de **Louis XIV**. Quand ce dernier mourut en septembre 1715, son arrière-petit-fils, **Louis XV**, n'avait que cinq ans et il fallut mettre en place une régence. Après que le Parlement eut cassé quelques jours plus tard le testament de **Louis XIV** qui ne prévoyait qu'un « conseil de régence » dirigé par Philippe d'Orléans, ce dernier obtint la régence entière du royaume. L'intérim dura huit ans jusqu'en août 1723, date de la mort de **l'abbé Dubois**, l'ancien précepteur du régent devenu le véritable ordonnateur des affaires du royaume.

Philippe d'Orléans était en effet une personnalité contrastée. À côté de réels talents artistiques, d'une curiosité scientifique et même d'un certain courage au plan militaire, il était par ailleurs incrédule, athée et indolent. Par ailleurs, il était de toute évidence libertin, travaillant un peu l'après-midi, se débauchant le soir.

Après le règne de **Louis XIV**, le régent tenta de mettre en place un nouveau système de gouvernement. Des conseils particuliers, portant sur les affaires régaliennes, composés en majorité d'aristocrates, devaient rendre régulièrement des comptes au conseil de régence présidé par Philippe d'Orléans. Cette forme de gouvernement - la polysynodie - ne dura pas. Après la mort de **Dubois**, ce fut le régent qui devint un éphémère « Premier ministre » de **Louis XV** car il mourut lui-même d'apoplexie très peu de temps après le décès de son conseiller.

Sous le règne de Louis XV

Abbé Dubois (1656 – 1723)

Guillaume Dubois, appelé plus souvent « abbé Dubois », puis le cardinal Dubois, fut un homme d'Église avant d'exercer, après la mort de **Louis XIV**, de hautes fonctions politiques. Intelligent et ambitieux, il obtint le poste de précepteur du jeune duc de Chartres, neveu de **Louis XIV** et futur régent.

En 1698, il effectua une mission diplomatique en Angleterre et noua d'utiles relations. De retour en France, Dubois devint un spécialiste de la diplomatie secrète. En 1716, il fut nommé conseiller d'État du régent, le **duc d'Orléans**, et exerça sur lui une influence croissante.

Il signa notamment une alliance avec l'Angleterre et les Provinces-Unies contre l'Espagne, en 1717 et fut de ceux qui firent renoncer le roi **Philippe V d'Espagne** à ses droits sur le trône de France.

Il s'efforça de maintenir la paix qui, seule, pouvait permettre de maintenir la stabilité du régime et l'économie française, très affaiblie par la longue guerre de **succession d'Espagne**.

L'ascension de Guillaume Dubois fut parachevée par l'obtention, en 1722, du poste de premier ministre, son entrée à l'Académie Française puis à la présidence de l'Assemblée du clergé.

Durant son bref ministère – il mourut en 1723 - Dubois tenta de relancer l'économie par la réduction des droits de douane internes et surtout de rétablir la situation des finances après les errements fâcheux du **système de Law**.

Dans le même temps, il interrompit la persécution des protestants pour empêcher les derniers d'entre eux de quitter la France.

Sous le règne de Louis XV

Cardinal Fleury (1653 – 1743)

D'origine modeste mais doué, André-Hercule de Fleury gravit de nombreuses étapes pour devenir aumônier de la reine Marie-Thérèse, en 1677. **Louis XIV** le désigna alors comme précepteur de son arrière-petit-fils, le futur **Louis XV**. Fleury, homme solide, affable mais tenace initia son élève aux sciences, mais ne réussit pas à développer son caractère ni sa volonté. Dès lors, **Louis XV** lui vouant un profond attachement, il s'en remit à lui dans les premières années de son règne. En 1726, il fit de Fleury son Premier ministre. Ce dernier, qui venait pourtant d'avoir 73 ans, reçut en même temps le chapeau de cardinal.
La politique de Fleury fut très simple. Maintenir l'absolutisme royal, équilibrer les finances royales (monnaie stabilisée, dès 1726, grâce notamment à l'action de **Philibert d'Orry**), maintenir la paix aussi bien à l'intérieur qu'à l'extérieur. Cette prospérité permit l'équilibre du budget en 1738-1739, une grande première dans la monarchie française. À l'intérieur, le cardinal se fit l'arbitre de plusieurs factions hostiles entre elles (les jansénistes, les gallicans et les ultramontains) s'opposant d'ailleurs bien au-delà des questions religieuses, dénonçant principalement le principe même de la monarchie absolue. À l'extérieur, Fleury dut mener la **guerre de Succession** de Pologne, qui donna la Lorraine à la France à la mort de Stanislas Leczinski. Mais, en 1740, et à son corps défendant, il se trouva engagé dans la **guerre de Succession d'Autriche**, dont il ne verra pas la fin. Il disparut, en effet, en janvier 1743, à l'âge étonnant pour l'époque de 90 ans.

Sous les règnes de Louis XIV et de Louis XV

Philippe V d'Espagne (1683-1746)

Philippe de France, duc d'Anjou, était le second fils de Louis le « Grand Dauphin », fils aîné de **Louis XIV**. Philippe était donc en ligne directe le petit-fils du Roi-soleil. Mais avait également des liens de sang avec la royauté espagnole, puisque Marie-Thérèse d'Espagne, sa grand-mère, était la fille de Philippe IV d'Espagne. Les circonstances voulurent qu'il soit appelé sur le trône d'Espagne, en 1700, par le testament de Charles II d'Espagne, mort sans postérité. Un testament qu'accepta **Louis XIV** pour le compte de son petit-fils. Mais un autre prétendant se manifesta, l'archiduc Léopold Ie de Habsbourg, pour le compte de son fils Charles VI. Ce dernier bénéficia alors du soutien de tous ceux que la puissance des Bourbons inquiétait. Il n'était pas question de voir les deux plus grandes monarchies européennes dirigées par la seule maison des « Bourbons ».

Cette inquiétude fut à l'origine de la formation d'une grande ligue européenne qui entraîna un long conflit connu sous le nom de **« guerre de succession d'Espagne »,** se déroulant de 1701 à 1714. À l'issue de ce long conflit, Philippe V parvint à se maintenir sur le trône d'Espagne. Le **traité d'Utrecht** lui imposant cependant de ne jamais revendiquer le trône de France pour lui et sa descendance. Philippe V abdiqua, en 1724, en faveur de son fils aîné Louis, mais celui-ci mourut rapidement, et Philippe V redevint roi jusqu'à sa mort en 1746. Ce fut son second fils Ferdinand VI qui lui succéda consolidant la branche des Bourbons d'Espagne, toujours régnante de nos jours.

Sous le règne de Louis XV

Germain-Louis Chauvelin (1685 – 1762)

Comme à l'époque de **Louis XIV**, les ministres choisis sous **Louis XV** furent issus de la haute administration.
Germain-Louis Chauvelin en fut l'un des plus beaux exemples. Avocat général au parlement de Paris, puis président de chambre, il se trouvait tout en haut de la hiérarchie judiciaire quand il fut présenté à **Fleury**. Celui-ci apprécia tout de suite son franc-parler. D'abord nommé Garde des sceaux en août 1727, il eut à exercer la censure sur les nombreux ouvrages liés à la controverse autour de la **bulle « Unigenitus »**. Puis secrétaire d'État aux Affaires étrangères, Chauvelin se montra très hostile à l'Autriche à qui il cherchait constamment à lui opposer l'Espagne.
Fleury, plus pacifiste, utilisa Chauvelin à la fois comme son double et son contraire. Quand le suave **Fleury** disait blanc, le violent Chauvelin disait noir, permettant ainsi au Premier ministre de tirer parti de ce double langage. De même, en 1735, **Fleury** et Chauvelin négocièrent en sous-main les préliminaires de Vienne, qui subordonnaient la paix à la résolution de la question lorraine. Le premier obtint, par des négociations secrètes, la renonciation de François de Lorraine à ce grand duché, quand le second dut vaincre les dernières résistances de l'Autriche.
Pourtant, en février 1737, Chauvelin, dont **Fleury** n'avait plus besoin, fut renvoyé. Ce dernier tenta de se rapprocher de **Louis XV** à la mort de **Fleury** en janvier 1743, mais subit une seconde disgrâce et fut exilé. Il parvint à rentrer à Paris, mais n'intervint plus dans la vie politique, jusqu'à sa mort en 1762.

Sous le règne de Louis XV

Philibert Orry (1689 – 1747)

Fils d'un munitionnaire nommé ministre des Finances par **Philippe V d'Espagne**, Philibert d'Orry était à la fois riche, doué pour les affaires et honnête. Il fut d'abord conseiller au parlement de Paris, maître des requêtes, puis de nombreuses fois intendant en province. Il se révéla un excellent gestionnaire et fut remarqué par **Fleury** qui lui confia le poste de contrôleur général des finances. Celles-ci avaient gravement souffert de **l'expérience malheureuse de Law,** mais, en 1738, Orry parvint à présenter un budget enfin à l'équilibre. Intègre et économe, il maintint la stabilité de la monnaie, lutta contre la corruption, procéda à la suppression de quelques charges trop onéreuses pour les finances publiques. Il fut l'un des premiers hommes de pouvoir à opter pour le principe de l'égalité devant l'impôt. Ainsi, il institua l'impôt du « Dixième » sur le revenu, sans privilèges, pour financer notamment **la guerre de succession d'Autriche.**
Pour accroître le réseau routier et favoriser les transports, il imposa également, en 1738, la « corvée royale » (travail de 30 jours par an maximum non rémunéré, imposé par le roi à ses sujets), qui fut naturellement très impopulaire. Enfin, Orry protégea le commerce national et encouragea le développement du commerce extérieur avec le Canada et l'Inde. Mais il fut confronté à l'ambition et à l'opposition de la nouvelle favorite royale, **la marquise de Pompadour.** Cette dernière étant issue du monde de la finance et désirant placer ses amis au pouvoir, Orry dut démissionner, en 1745, malgré quinze années de bons et loyaux services.

Sous le règne de Louis XV

Le maréchal de Saxe (1696 – 1750)

Fils naturel d'Auguste le Fort, électeur de Saxe et roi de Pologne, le jeune et fougueux Maurice comte de Saxe, né en Allemagne, eut très tôt le goût de l'engagement militaire.
À l'âge de 13 ans, très précoce, il était déjà officier d'infanterie. À 15 ans, colonel d'un régiment de cuirassiers où il participa à la guerre de la Saxe contre la Suède. Reconnu par son père, en 1711, ce fut à l'âge de 24 ans, qu'il décida d'offrir ses services à la France, en tant que militaire professionnel. Son génie tactique s'affirma dès **la guerre de succession de Pologne.** De même, pendant la campagne de 1734, il força les retranchements des impériaux à Ettlingen, et contribua à la prise de Philippsbourg.
Mais son heure de gloire vint enfin avec la guerre de **« succession d'Autriche »**, où il servit d'abord sous les ordres du maréchal de Belle-Isle. Ses succès, en particulier quand il prit Prague en mars 1744, lui permirent de gagner la confiance du roi de France, **Louis XV**, qui l'éleva la même année à la dignité de Maréchal de France. Désormais chef des armées du roi, il dirigea celle de Flandre.
Son plus haut fait d'armes fut alors sa victoire à **Fontenoy** (en Belgique) en mai 1745, contre les anglo-hollandais, alliés à l'époque aux Autrichiens.
Au terme de trois grandes batailles (**Fontenoy**, Raucoux et Lawfeld) et de 24 sièges de places dans les Pays-Bas autrichiens, la paix fut signée en octobre 1748, à **Aix-la-Chapelle**.
Naturalisé français, il devint maréchal général des armées de France, à l'identique de **Biron, Turenne et Villars**.

Sous le règne de Louis XV

Le comte d'Argenson (1696 – 1764)

Issu d'une belle famille de robe parlementaire, le comte d'Argenson commença sa carrière comme Lieutenant général de police. Froid et ambitieux, il fut remarqué par le **régent Philippe d'Orléans** qui en fit son chancelier, en 1723. La mort de son protecteur la même année arrêta une ascension qui s'annonçait prometteuse. Redevenu simple conseiller d'État, il participa à la rédaction des ordonnances civiles du chancelier d'Aguesseau. Lié au roi Stanislas de Pologne, il entra dans le cercle de la reine **Marie Leszczynska**. La disgrâce de **Germain-Louis Chauvelin**, en 1737, le ramena aux affaires. En 1738, **Fleury** le nomma président du grand conseil puis intendant de Paris. Devenu secrétaire d'État de la Guerre en janvier 1743, il soutint les réformes engagées dans l'armée par le **maréchal de Saxe.**. Sa faveur était alors à son zénith. Pendant douze ans, de 1744 à 1756, il réforma tout ce qui avait trait à la défense du royaume : Institution des grenadiers royaux, réforme des hôpitaux militaires, création de l'école royale du génie de Mézières, exercices à la prussienne, création de l'École militaire, institution des camps militaires. D'abord ami de **Madame de Pompadour**, il fut ensuite en butte à l'hostilité de celle-ci, sans doute en raison de sa proximité avec le parti de la Reine et de son opposition à l'alliance autrichienne. Il mena également une lutte sourde et quasi permanente envers **Jean-Baptiste de Machault d'Arnouville**, l'autre grand commis de l'époque qu'il avait pourtant contribué à faire entrer au conseil.

Sous les règnes de Louis XV et de Louis XVI

Jean-Frédéric Phélypeaux (1701 – 1781)
(comte de Maurepas)

Le comte de Maurepas fut un secrétaire d'État créatif à la marine de **Louis XV**, de 1723 à 1749. Il recruta des astronomes et des géomètres, favorisa les voyages au long cours, envoya des savants sous l'équateur et au pôle, fit mesurer l'arc méridien, explorer les côtes, dresser des cartes nouvelles. Mais formé au temps de la régence, il resta par certains côtés assez superficiel, voire intrigant. S'il savait s'entourer de collaborateurs de talent, il supportait mal leur réussite. Homme de lettres à ses heures, il écrivit une épigramme fâcheuse envers **madame de Pompadour** qui provoqua sa disgrâce, en 1749. Vingt-cinq ans plus tard, en 1774, **Louis XVI** le remit en selle comme ministre d'État. Son action fut alors considérée comme un vaste règlement de comptes. Il fit d'abord chuter le triumvirat, composé du chancelier **Maupeou**, du contrôleur général **Terray** et du secrétaire d'État **d'Aiguillon**, qui, depuis trois ans, travaillaient au rétablissement des finances et du pouvoir royal. Maurepas fit ensuite nommer **Turgot** aux Finances, le très populaire **Malesherbes**, à la Maison du Roi et **Vergennes**, aux Affaires étrangères. Mais il commit l'erreur de rappeler les parlements, qui avaient été suspendus par **Maupeou** en 1771, remettant en selle les pires ennemis du pouvoir royal. Jaloux de son ascendant sur **Louis XVI**, il finit par intriguer contre **Turgot** dont il obtint la disgrâce, en 1776, suivie par la nomination de **Necker**, qu'il fera chuter également, en 1781, juste avant de mourir.

Sous le règne de Louis XV

Comte Machault d'Arnouville (1701 – 1794)

Machault, comte d'Arnouville, commença sa carrière comme maître des requêtes puis, sur proposition du **comte d'Argenson**, devint intendant du Hainaut, en 1743. Adapté au poste, il présentait extérieurement une « mine froide et sévère » Insensible aux plaintes des intérêts particuliers, d'une humeur taciturne et d'un abord difficile, propre à décourager les quémandeurs malgré son extrême politesse. Pour résorber la dette de l'État, il ne se contenta pas d'augmenter les impôts, il en créa un nouveau, appelé le « Vingtième » qui frappait tous les propriétaires, sans distinction de naissance. En 1754, il fut également à l'origine de la libéralisation des grains. Son profil plaisait au roi qui jouait un peu de la rivalité de ses deux ministres **d'Argenson et** Machault. Ce dernier cumula également les postes. Garde des sceaux de 1750 à 1757, secrétaire d'État de la Marine durant la même période.

Mais en février 1757, on mit l'attentat de **Damiens** et le mécontentement parisien contre **Louis XV** sur le compte de l'action de ses deux principaux ministres. Comme la **marquise de Pompadour,** très influente à l'époque, voulait pousser le **duc de Choiseul,** Machault et **d'Argenson** furent renvoyés brutalement. **D'Argenson** mourut en 1764, à son retour d'exil. Mais Machault d'Arnouville survécut encore une trentaine d'années, pour finir en 1794, âgé de 93 ans (?!!), dans une prison, sous la « Terreur ».

Sous le règne de Louis XV

Marie Leszczynska (1703 – 1768)

À l'âge de quinze ans, en 1725, **Louis XV** épousa Marie Leszczynska, de sept ans son aînée. La santé du roi était alors considérée comme fragile. Son entourage craignait même pour sa vie. L'infante d'Espagne, promise initialement au roi étant trop jeune pour enfanter, on la renvoya chez elle et ce fut Marie Leszczynska, fille du roi de Pologne, qui fut choisie comme future épouse du roi. L'ordonnateur de ce mariage fait « à la va-vite » fut Louis **Henri de Bourbon-Condé**, prince du sang, afin de garantir au plus vite la procréation d'une descendance royale éloignant du trône la branche cadette des Orléans.

Marie ne décevra pas cette espérance. Entre 1727 et 1737, elle donna dix enfants au roi, dont deux garçons. Seul l'un d'entre eux survivra – le dauphin Louis – qui marié en secondes noces à Marie-Josèphe de Saxe engendra lui-même cinq garçons dont trois seront rois de France. Marie Leszczynska ne joua cependant aucun rôle politique durant toute sa vie. Pieuse et timide, elle vécut retirée au milieu d'une petite cour composée de courtisans dévots et de lettrés. Musicienne, grande lectrice, la reine n'avait pas le talent de la conversation et manquait d'atouts pour retenir son époux, assez rapidement volage, auprès d'elle. Délaissée, Marie se referma encore davantage dans ses intérieurs. Elle eut cependant la joie de voir son père (re)monter sur le trône de Lorraine en 1737. Très affectée par le décès prématuré du dauphin Louis en 1765, puis de son père en 1766, la reine s'éteignit en 1768.

Sous le règne de Louis XV

Marquis de Montcalm (1712-1759)

Le marquis de Montcalm fut un grand soldat, issu d'une famille de noblesse de robe originaire du Rouergue. Il combattit de bonne heure, dès l'âge de 17 ans, et se signala par son courage sur de nombreux champs de bataille européens, pendant les premières années du règne de **Louis XV**. Capitaine, en 1729, colonel, en 1743, brigadier, en 1747, Montcalm comptait déjà onze campagnes et cinq blessures quand il fut affecté au Québec, en 1756, comme commandant des troupes françaises en Amérique du Nord, pendant la **guerre de Sept Ans**. Remarquable tacticien, ses campagnes contre les Britanniques furent d'abord des succès majeurs. Il renforça les défenses de fort Carillon sur le lac Champlain. Il captura et détruisit fort Chouagen sur la rive méridionale du lac Ontario en août 1756. En récompense, **Louis XV** le nomma au titre majeur de Lieutenant-général des armées en Nouvelle-France. Mais tout opposait ce grand stratège à l'incompétent marquis de Vaudreuil, gouverneur général du Canada. Cette mésentente et le manque de moyens (en soldats et en ravitaillements) alloués aux défenseurs de la Nouvelle France entraînèrent la chute de la colonie. Au cours de la bataille des Plaines d'Abraham, en septembre 1759, Montcalm fut tué. Cette bataille décisive, qui vit la France perdre ses possessions américaines, donna à l'Angleterre la moitié de l'hémisphère nord. Bientôt, les Anglais seront maîtres de tout le Canada, dont l'intégration dans l'Amérique du Nord britannique fut définitivement instituée par le **traité de Paris** en 1763.

<u>Sous le règne de Louis XV</u>

<u>René de Maupéou (1714 – 1792)</u>

René de Maupeou fut considéré de son temps comme un grand légiste, compétent mais sévère et ultra monarchiste. Après le renvoi du **duc de Choiseul** en décembre 1770, il fut l'un des trois personnages-clés de la fin du règne de **Louis XV** (avec **l'abbé Terray** et **le duc d'Aiguillon**)

Bien que Maupéou fût longtemps Premier président du parlement de Paris, il refusait toute atteinte à l'autorité royale. Chancelier du roi depuis 1768, Maupeou se trouva confronté trois ans plus tard à une épreuve de force des parlementaires parisiens dont certains refusaient de légiférer.

Il profita de cette crise pour imposer une grande réforme, qui reçut l'assentiment du vieux roi **Louis XV**. Les magistrats en grève furent exilés en province, et surtout leurs charges confisquées puis rachetées par l'État. L'édit de février 1771 paracheva la mise en place d'une réforme judiciaire radicale voyant éclater le tout-puissant parlement de Paris qui ne conservait que des fonctions purement judiciaires.

Sans surprise, la réforme fut vivement combattue par l'ancienne magistrature ainsi que par la noblesse – dont les parlements défendaient alors les privilèges – avec à leur tête les princes du sang, ainsi que par les jansénistes et gallicans, très influents dans les milieux parlementaires.

Ce fut donc sans surprise que cette réforme ne survécut pas à la mort du roi, en 1774.

<u>Sous le règne de Louis XV</u>

<u>Robert Damiens (1715 – 1757)</u>

En janvier 1757, Louis XV venait de rendre visite à sa fille, Madame Victoire, à Versailles. Alors qu'il regagnait son carrosse, Robert François Damiens, un « marginal » travaillant comme domestique ou coursier pour le compte de conseillers au parlement de Paris blessa le roi de façon superficielle, à l'aide d'un couteau.

Le coup fut amorti par les vêtements d'hiver du monarque qui s'en remit rapidement. Très vite, on comprit que l'on avait affaire à un exalté, qui avait agi seul et sans réel mobile autre que celui de « laver » les affronts faits par le roi au parlement de Paris.

Pour la forme, il y eut un procès qui dura plus d'un mois à l'issue duquel Damiens fut condamné à une peine cruelle, l'écartèlement puis le bûcher.

Les conditions d'exécution du supplicié furent si atroces, dit-on que pour la première fois dans l'Histoire, certains intellectuels manifestèrent publiquement leur opposition à une telle barbarie.

Cependant, cet attentat marqua le roi. Il restea cloîtré dans sa chambre pendant une dizaine de jours. **Louis XV** le prit comme un réel signe de désaffection de l'opinion envers le trône et sa personne. Ses deux principaux ministres de l'époque, les **comtes d'Argenson et d'Arnouville**, très impopulaires à l'époque, furent congédiés. Quant à la **marquise de Pompadour,** elle profita de l'événement pour faciliter l'arrivée de son ami le **duc de Choiseul** à la tête du conseil royal.

Sous le règne de Louis XV

L'abbé Terray (1715 – 1778)

Joseph-Marie Terray, abbé commendataire, conseiller clerc au parlement de Paris en 1736 se fit remarquer de **Maupéou** pour sa fidélité au roi et son habileté dans les affaires complexes. Entré au Conseil en 1764, il prépara la même année, avec le conseiller François de l'Averdy, l'édit d'exportation des grains. Contrôleur général des Finances en 1769, il gagna l'appui de la nouvelle favorite du roi, **madame du Barry**. Après la disgrâce de **Choiseul,** il anima, avec **Maupeou** et **le duc d'Aiguillon**, un gouvernement restreint surnommé le « triumvirat ». Aux Finances, il entreprit une série de réformes utiles mais très impopulaires. Propager sur tout le territoire le « Vingtième » et l'aménager de façon plus équitable, assujettir également le clergé au « Quinzième ». Par ailleurs, il s'empara d'une partie des revenus de l'Université, réduisit les rentes et les pensions sur l'État, établit des charges nouvelles dans un souci de fiscalité plus juste. Pour finir, il recourut aux emprunts et organisa même des banqueroutes partielles, sur la rente notamment. Il mécontenta donc de nombreux contribuables aisés et en premier les commerçants et les bourgeois, en révoquant par exemple l'édit d'exportation des grains en 1770. Accusé d'accaparer les blés pour en faire monter les prix et en tirer bénéfice, il devint assez vite très impopulaire.
À la chute du triumvirat (**Maupeou**-Terray-**d'Aiguillon**) en 1774, le peuple brûla son effigie. Surnommé « Vide-Gousset », il avait pourtant réussi à réduire fortement le déficit des Finances publiques.

Sous le règne de Louis XV

Le duc de Choiseul (1719 – 1785)

La disgrâce des **comtes d'Argenson** et **de Machault d'Arnouville** fut suivie d'une phase d'instabilité gouvernementale. **Madame de Pompadour** en profita pour mettre en avant l'un de ses amis, le duc de Choiseul.

Secrétaire d'État aux Affaires étrangères en décembre 1758, il prit le portefeuille de la Guerre, en 1761, qu'il cumula avec celui de la Marine. Au plan diplomatique et militaire, il bâtit le **« pacte de famille »** unissant la France à l'Espagne. Il fut également l'artisan du **traité de Paris de 1763**, paracheva l'annexion de la Lorraine, en 1766, mena à bien la conquête de la Corse, en 1768 et négocia le mariage du futur **Louis XVI** avec l'archiduchesse **Marie-Antoinette**, en 1770. Il réforma également de façon notable l'armée et la marine.

Choiseul fut donc la personnalité politique et diplomatique la plus influente de la seconde partie du règne de **Louis XV**. Resté douze ans au pouvoir, il se fit cependant beaucoup d'ennemis dont le **duc d'Aiguillon** qui aspirait à le remplacer et le chancelier **Maupeou** qui le jalousait.

Le duc de Choiseul était un personnage brillant mais assez infatué de sa haute naissance. Les historiens considèrent donc que c'est l'opposition vive qui l'opposa à la nouvelle maîtresse du roi, la comtesse du Barry, ex courtisane aux mœurs légères, qui fut à l'origine de sa mise à l'écart. La découverte d'une négociation menée secrètement par Choiseul avec l'Espagne pour une reprise de la guerre contre l'Angleterre, acheva sa disgrâce à la fin de 1770.

Sous les règnes de Louis XV et de Louis XVI

Charles Gravier (1719 – 1787)
Comte de Vergennes

Fils d'une famille de noblesse de robe bourguignonne, le comte de Vergennes fit ses premiers pas en diplomatie grâce à son oncle Chavigny. Remarqué par le marquis **d'Argenson**, on l'envoya auprès de l'Électeur de Trêves en 1750 puis au congrès de Hanovre en 1752. Vergennes entra alors dans le célèbre « secret du Roi » une diplomatie discrète visant à constituer avec la Pologne, la Suède et l'Empire ottoman un bloc favorable à la France, en Europe orientale. Il fut ambassadeur à Constantinople entre 1754 et 1768, puis ambassadeur à Stockholm, en 1771. À la mort de **Louis XV**, son successeur (**Louis XVI**) fut heureux de pouvoir compter sur un fin connaisseur des Affaires extérieures. Nommé secrétaire d'État aux Affaires étrangères, loyal défenseur de la monarchie absolue, Vergennes se révéla sur la scène extérieure comme un modéré. Bien que prônant une guerre de revanche contre l'Angleterre suite à la défaite de la « **Guerre de 7 ans** », il se montra, à l'issue de la guerre d'indépendance américaine, lors de la **paix de Versailles**, d'une étonnante modération dans ses exigences. Il signa même un traité de libre-échange avec l'Angleterre en 1786. En fait, Vergennes recherchait perpétuellement un équilibre européen mettant la France en position d'arbitre. Bien qu'il ait dû faire face, en fin de carrière, au parti des « patriotes », nébuleuse rassemblant partisans des parlements et aristocrates frondeurs, son bilan de nos jours est jugé tout à fait honorable.

Sous le règne de Louis XV

Le duc d'Aiguillon (1720 – 1788)

Arrière-petit-neveu du **cardinal de Richelieu,** le duc d'Aiguillon se fit d'abord connaître comme membre du parti dévot, partisan des jésuites.
Commandant en chef en Bretagne de 1753 à 1768, il tenta d'améliorer le réseau routier en levant de nouveaux impôts. Il dut alors affronter le parlement de sa province et faillit même être condamné en justice (ce fut la célèbre « affaire de Bretagne » qui l'opposa au procureur général La Chalotais).
En 1770, ayant à ses trousses une meute d'accusateurs réclamant sa condamnation, d'Aiguillon eut recours à la protection de madame du Barry. Cette dernière plaida avec succès sa cause auprès de **Louis XV**. D'Aiguillon fit désormais partie du groupe des intimes du roi jusqu'à la fin de son règne.
Appelé aux Affaires étrangères en 1771, il mit en œuvre la politique voulue par **Louis XV. Choiseul** ayant été renvoyé pour avoir voulu s'opposer à l'Angleterre, d'Aiguillon s'empressa d'être l'homme de la paix. Il s'abstint également de protester lors du partage de la Pologne que **Louis XV** estimait trop affaiblie par ses dissensions intérieures pour que son aide éventuelle soit efficace.
Partisan de maintenir l'équilibre européen existant, il forma en compagnie de **Maupéou** et de **l'abbé Terray** un « triumvirat » qui fit office de gouvernement jusqu'en 1774, à la mort de **Louis XV**. À cette date, la jeune reine **Marie-Antoinette** disgracia tous ceux ayant bénéficié du soutien de la comtesse du Barry. Le « triumvirat » fut donc renvoyé.

Sous le règne de Louis XV

La marquise de Pompadour (1721 – 1764)

Fille illégitime d'un fermier général, madame d'Étioles (née Poisson) fut d'abord poussée en avant par le milieu des financiers. Très belle femme, elle se fit remarquer du roi en suivant une chasse et fut rapidement sa maîtresse. Pour masquer sa naissance roturière, il la fit marquise de Pompadour.

Ses modestes origines n'empêchèrent pas cette nouvelle marquise de prendre un grand ascendant sur le roi. Pendant vingt ans, elle fit et défit les dignitaires, favorisant sa coterie personnelle et desservant ceux dont elle se méfiait. Selon certains, dans ce domaine, ses choix ne furent pas toujours bien inspirés. Elle fit par exemple tomber deux bons ministres, **d'Argenson et Machault** et influença la promotion de généraux guère capables ou de ministres inconsistants. Sa seule promotion heureuse fut celle du **duc de Choiseul,** utile au royaume jusqu'en 1770.

Concernant ses relations avec le roi, celles-ci évoluèrent dans le temps. Femme frigide, peu portée sur les plaisirs de la chair, mais sensible aux jeux de pouvoir, elle parvint à se maintenir comme l'éternelle favorite du roi en jouant assez rapidement un rôle d'entremetteuse. De façon assez incroyable, ce fut sous ses ordres directs qu'on présenta régulièrement au roi des jeunes filles extérieures à la cour. Ces dernières étaient installées dans une maison discrète de Versailles, étant renouvelées au fur et à mesure qu'elles tombaient enceintes. Quand la marquise mourut, Louis XV en larmes eut ce mot « *…pensez, une amie de vingt ans* »

Sous les règnes de Louis XV et de Louis XVI

Malesherbes (1721 – 1794)

Chrétien (Guillaume de Lamoignon) de Malesherbes fut un éminent juriste, très cultivé, issu d'une importante famille de la noblesse de robe parisienne. Compte tenu de la qualité de ses travaux, il fut élu successivement membre de l'Académie des sciences en 1750, de l'Académie des inscriptions (sciences et belles lettres) en 1759 et de l'Académie française en 1775. Il s'intéressa également à la politique et s'imposa comme un parlementaire fidèle à la tradition libérale de sa lignée. C'est au nom de cette tradition qu'il écrivit en 1771 des « Remontrances au Roi » à l'encontre des réformes parlementaires proposées par **Maupeou**. Disgracié jusqu'à la mort de **Louis XV**, il fut rappelé sous **Louis XVI** pour être nommé ministre et secrétaire d'État à la maison du roi de 1774 à 1776. Incompris de l'entourage du roi, il chuta avec son ami **Turgot**. Rappelé au pouvoir à la veille de la révolution, en 1788, il ne put changer le cours des évènements, les coteries ayant pris l'ascendant sur **Louis XVI**. Il refusa d'émigrer dès les débuts d'une révolution qu'il avait pourtant souhaitée, mais qui le dépassa rapidement. Il se retira alors dans ses terres. Bien qu'âgé (71 ans), il obtint l'honneur de défendre **Louis XVI**, un procès perdu d'avance. Ce courage lui valut d'être arrêté comme suspect en décembre 1793. Il fut guillotiné en avril suivant avec sa fille et ses petits-enfants. Avec ses « remontrances », il laissa aux historiens une série de « Mémoires » portant notamment sur les moyens d'accélérer les progrès de l'économie rurale en France (1790) sur la librairie et sur la liberté de la presse, publiés après sa mort.

<u>Sous le règne de Louis XVI</u>

<u>Jean-Baptiste Donatien de Vimeur (1725 – 1807)</u> (comte de Rochambeau)

Issu d'une ancienne famille du Vendômois, le comte de Rochambeau fut l'un des plus remarquables militaires de la seconde moitié du XVIIIè siècle. Il se distingua sur de nombreux théâtres d'opérations. Par exemple durant la **guerre de succession d'Autriche**, notamment à la bataille de Lawfeld en 1747. Il se fit également remarquer en 1760, à Closctercamp, en Allemagne, sous les ordres du marquis de Castries, pendant la **guerre de Sept Ans.** Nommé colonel, maréchal de camp en 1761, accessoirement conseiller du sulfureux comte de Saint-Germain en 1769, il continua de gravir les échelons militaires. Secrétaire d'État à la Guerre, il fut nommé lieutenant général des armées du roi en 1780. Il s'illustra alors dans la guerre d'indépendance des États-Unis d'Amérique en contribuant à la capitulation de **Yorktown**. Devenu ensuite gouverneur de Picardie, il siégea, en 1788, à l'Assemblée des notables où il vota pour le doublement de la représentation du tiers aux États Généraux. En 1791, son commandement du corps des troupes envoyées soutenir la cause des « insurgents » lui valut le bâton de maréchal de France. La même année, il fut placé à la tête de l'armée du Nord, qu'il commanda jusqu'en mai 1792. Son échec à Quiévrain et surtout ses origines (il était cousin du roi) lui valurent les cachots révolutionnaires. Libéré après la « Terreur », il rédigea de précieuses Mémoires publiés sous Louis-Philippe.

Sous le règne de Louis XVI

Turgot (1727 – 1781)

Anne Robert Turgot fut un économiste libéral, ami des philosophes, féru de sciences, foisonnant d'idées pour « libérer » l'économie. Intendant de la généralité de Limoges, il fit progresser la région par ses mesures fiscales et son appui à l'industrie, à l'agriculture et par les améliorations apportées à la voirie. Il exposa ses idées, très nouvelles pour l'époque, dans ses « Réflexions sur la formation et la distribution des richesses », paru en 1766.

Intéressé, **Louis XVI** l'appela au contrôle général des Finances en 1774. Turgot parvint à atténuer le déficit budgétaire par une remise en ordre financière et de strictes économies. Il chercha également à relancer l'agriculture et l'industrie par des mesures libérales, en alourdissant la participation fiscale des privilégiés et en créant un impôt foncier unique. Il sembla vaincre l'opposition suscitée par son édit de 1774 sur la liberté du commerce des grains, que les monopolistes rendaient responsable d'une disette, due en fait à une mauvaise récolte (soulèvement populaire dit **« guerre des farines »,** en 1775). En 1776, il supprima les corvées, les maîtrises et les jurandes (les corporations) et créa une contribution unique sur tous les biens. Devant l'opposition du Parlement, auquel se joignirent tous ceux se sentant lésés par sa politique, **Louis XVI** cessa de le soutenir et tous ses édits furent alors abrogés (mai-octobre 1776). Turgot sera le premier d'une longue liste de ministres disgraciés sous **Louis XVI**. Des hommes de valeur, pour la plupart, qui auraient pu empêcher la chute de la monarchie si le roi n'avait pas été si influençable.

Sous le règne de Louis XVI

Loménie de Brienne (1727 – 1794)

Loménie de Brienne fut dans la première partie de sa vie un prélat de haut rang. Docteur en théologie, à l'âge de 24 ans, il devint évêque de Condom en 1760 et archevêque de Toulouse en 1763. Membre de l'Académie française, en 1770, ce fut à cette époque qu'il commença à s'intéresser aux questions politiques et sociales du royaume. Il se fit notamment connaître de **Turgot** en lui adressant plusieurs mémoires sur ces sujets. En 1787, il fut nommé président de l'Assemblée des notables et commença à critiquer la politique fiscale de **Calonne**, auquel il succéda comme contrôleur des finances, en mai 1787. Pendant plus d'un an, Loménie de Brienne tenta, lui aussi de renflouer les caisses de l'État, sans succès. Ses mesures fiscales se heurtant à l'opposition systématique des parlements. Dès le début de 1788, Brienne fut en grande difficulté. Les attaques juridiques du parlement de Paris contre l'absolutisme royal se multipliaient. Quant aux assemblées provinciales, elles refusaient l'idée de nouveaux impôts. En juillet 1788, Brienne demanda la convocation des États généraux. Mais il dut démissionner dès août 1788, alors que la banqueroute de l'État était imminente. En décembre 1788, il se rendit à Rome pour être intronisé cardinal. Mais en 1790, il accepta la constitution civile du clergé et fut élu évêque constitutionnel de Sens. Lorsque le pape Pie VI condamna la constitution civile du clergé, Loménie de Brienne dut démissionner de son titre de cardinal. Considéré malgré tout comme suspect, il fut arrêté en novembre 1793. Il mourut quelques semaines plus tard en prison.

Sous le règne de Louis XVI

Pierre Caron de Beaumarchais (1732 – 1799)

Pierre Augustin Caron de Beaumarchais fut un touche-à-tout de génie qui s'essaya, souvent avec succès, à de nombreux genres. Il fut tour à tour inventeur dans l'horlogerie, professeur de harpe (?!) à la cour, secrétaire du roi, financier, spéculateur, juriste, chargé de missions secrètes et naturellement auteur pamphlétaire reconnu, notamment au théâtre. Cette activité débordante se fit plutôt avec succès et fortune, mais quelques échecs émaillèrent sa vie, se terminant souvent par des procès, des revers de fortune et même par de la prison. Beaumarchais joua également un petit rôle dans la guerre d'indépendance des États-Unis d'Amérique. La France officielle ne pouvant intervenir directement en faveur des « insurgents » (les colons anglais en rébellion réclamant leur indépendance à l'Angleterre) Beaumarchais joua les intermédiaires. Entré au « secret du Roi », un service d'espionnage, il mena quelques missions en vendant discrètement, via une société de transports portugaise, armes, poudres et munitions aux indépendantistes américains, sur fonds secrets publics français. En tout pour un million de livres. Une activité qui lui permit d'ailleurs de s'enrichir au passage. Pendant la Révolution française, il se rangea prudemment dans les rangs des révolutionnaires. Pourtant, il fut, lui aussi emprisonné sous la Terreur. Par la suite, redoutant la politique de suspicion généralisée à l'égard des intellectuels, il quitta la France et s'installa à Hambourg. Retourné en France, il décéda, à l'instar de son condisciple Jean-Jacques Rousseau, d'une crise d'apoplexie en mai 1799.

<u>Sous le règne de Louis XVI</u>

<u>Jacques Necker (1732 – 1804)</u>

Bien qu'étranger (Suisse) et protestant dans un pays catholique, Jacques Necker n'en fût pas moins un acteur significatif dans la période trouble qui a précédé l'explosion révolutionnaire de 1789. Après avoir fait fortune comme banquier à Paris et à la suite du succès de ses essais en matière de politique économique (s'opposant notamment aux thèses libérales de **Turgot**) il fut nommé directeur général du Trésor royal en 1776, puis des Finances. Jusqu'en 1781, il fut le premier argentier de France. Durant ce laps de temps, Necker fit ce qu'il put pour réformer le système d'imposition, mais se heurta, comme ses prédécesseurs, à l'hostilité des parlementaires et des courtisans. Pour marquer les esprits, et de guerre lasse, il rendit public, en 1781, dans son célèbre « compte-rendu au roi » un document, d'habitude secret, qui chiffrait à la fois l'endettement réel du pays et les pensions versées à la noblesse. Critiqué, Necker dut démissionner une première fois. En août 1788, **Louis XVI** refit appel à lui, notamment pour cautionner de nouveaux emprunts. Rappelé avec le titre de ministre d'État du fait du soutien apparent de l'opinion publique, il convoqua les États généraux en obtenant le doublement du tiers état. Renvoyé une seconde fois, le 11 juillet 1789, cette décision fut à l'origine de la **prise de la Bastille** le 14 juillet. Rappelé une troisième fois, le 16 juillet, il désapprouva nombre des décisions de l'Assemblée nationale, telle l'émission massive d'assignats. Impuissant à inverser le cours de l'Histoire, il démissionna, cette fois-ci, définitivement, en septembre 1790.

Sous le règne de Louis XVI

Charles de Calonne (1734 – 1802)

En 1783, alors que sévissait une crise financière liée notamment aux dépenses liées à la guerre en Amérique (80 millions de déficits, 300 millions de dettes exigibles), **Louis XVI** nomma un nouveau contrôleur général des Finances : Charles Alexandre de Calonne. Cet avocat avait révélé de réels talents d'administrateur comme intendant à Metz et à Lille. Dans un premier temps, il parvint à rétablir la confiance en s'attelant à une politique économique volontariste. Il créa des manufactures royales, incita la noblesse à investir dans l'industrie plutôt que dans la terre ou la rente, engagea une politique de grands travaux. Et de fait, une apparente embellie économique marqua l'ère Calonne. Mais deux facteurs bientôt menacèrent ces bons débuts. Les inégalités sociales s'aggravaient et l'État ne parvenait pas à rétablir ses comptes. Reprenant alors les idées de **Turgot** et de **Necker**, Calonne décida de revoir complètement l'organisation de l'État. Fin août 1786, il remit un rapport proposant un plan de réforme, visant à rationaliser l'État et à valoriser la bourgeoisie tout en attaquant de front les privilèges de la noblesse et du clergé. N'osant convoquer les États généraux et se heurtant aux parlements, il suggéra au roi d'exposer ces réformes à une assemblée des notables. Devant cette assemblée, réunie en février 1787, Calonne se heurta à une violente opposition, subit reproches et humiliations. La révélation du gouffre financier ne fit que renforcer la coalition des privilégiés pour s'opposer à toute réforme qui les atteindrait. Calonne dut alors s'exiler à Londres.

<u>Sous le règne de Louis XVI</u>

<u>Cardinal de Rohan (1734 – 1803)</u>

Le cardinal de Rohan, évêque de Strasbourg, grand aumônier de France, était un prélat qui avait été ambassadeur de France à Vienne. Il s'était attiré l'animosité de Marie-Thérèse d'Autriche, choquée de la vie dissolue qu'il menait à Vienne. Sans surprise, **Marie-Antoinette**, fille de Marie-Thérèse, avait disgracié le cardinal revenu en France. En raison de ses ambitions politiques, son éloignement de la cour le minait et il finit par perdre toute lucidité dans une affaire restée célèbre. Des aigrefins, menés par une aventurière de noblesse lointaine mais ruinée, la comtesse de la Motte-Valois, parvinrent à faire croire au cardinal qu'il pouvait jouer les entremetteurs auprès de la reine pour lui acheter un collier d'une valeur d'un million six cent mille livres. L'escroquerie consistait à mettre d'abord en confiance le cardinal en organisant un (faux) rendez-vous secret entre la reine (en fait une comparse) et le cardinal. Puis à lui faire signer quatre traites auprès du bijoutier Bôehmer. Le collier fut ensuite remis à la comtesse de la Motte-Valois, qui le revendit en Angleterre, démonté pierres par pierres. Le scandale éclata en août 1785, au moment du règlement de la première traite ne pouvant être honorée. Le cardinal fut arrêté et emprisonné à la Bastille, mais fut acquitté à l'issue de son procès, à la grande stupéfaction de la reine. Ayant été jugé par ses pairs, ces derniers considérèrent que sa bonne foi avait été abusée et que les quelques mois de prison de Rohan suffisaient à laver l'affront fait à la reine. Quant à l'opinion publique, elle considéra jusqu'au bout que cette dernière était très probablement coupable.

Sous le règne de Louis XVI

Sylvain Bailly (1736 – 1793)

Jean Sylvain Bailly fut, au départ, un mathématicien, astronome, littérateur et homme politique français. Ses observations scientifiques lui valurent son élection à l'Académie des sciences en 1763. Son « Histoire de l'Astronomie », œuvre littéraire autant que scientifique, lui ouvrit les portes de l'Académie Française où il fut élu en 1783. Membre de la société des amis de la constitution, il fut d'abord élu, en mai 1789, député du Tiers aux États généraux puis il en prit la présidence. Le 20 juin, lors du **serment du Jeu de Paume,** il fut le premier à prêter serment et, lorsque **Louis XVI** exigea la dispersion de l'Assemblée, refusa d'obtempérer. Il s'autoproclama alors président de l'Assemblée nationale. Il fut ensuite élu maire de Paris en juillet 1789. C'est à ce titre qu'il remit la cocarde tricolore au roi, lors de la visite que celui-ci rendit à l'Hôtel de Ville. Dans sa fonction de maire, il fut le chef de la première « commune » de Paris, mais se trouva déjà attaqué par Camille Desmoulins et Jean-Paul Marat, pour être jugé trop conservateur. Après l'évasion manquée de la famille royale, Bailly voulut contenir l'agitation républicaine visant à obtenir la déchéance du roi. En juillet 1791, la garde nationale qu'il dirigeait tira sur les pétitionnaires manifestant au **Champ-de-Mars**. Sa popularité, restée jusque-là à peu près intacte, tomba alors au plus bas. En novembre 1791, il démissionna de toutes ses fonctions politiques et se retira à Nancy. Mis en état d'arrestation en juillet 1793, il fut appelé à témoigner lors du procès de la reine, mais ayant déposé en sa faveur, il fut guillotiné en novembre 1793.

Sous le règne de Louis XVI

Comte de Mirabeau (1749 – 1791)

La vie d'Honoré Gabriel Riqueti, comte de Mirabeau fut assez tumultueuse. Adultères, procès, dettes, séjours en prison, exils firent du début de sa vie un vrai roman. Mais, malgré son goût pour les femmes, qu'il aimait séduire malgré sa légendaire laideur, son autre passion fut l'écriture. Ainsi, il rédigea, dans les années 1770, mémoires sur mémoires. Avec la Révolution, et comme d'autres après lui, il comprit tout de suite quelles opportunités s'offraient à lui pour sortir de l'ombre. Éloquent, passionné, « cabot », il devint rapidement le personnage le plus brillant de l'Assemblée nationale, où il s'était fait élire astucieusement comme représentant, non de la noblesse, mais du tiers état. Lors de l'une des séances de l'Assemblée nationale autoproclamée, son sens du théâtre fit merveille. Au marquis de Dreux-Brézé chargé de disperser les députés au nom du roi, il lança sa célèbre apostrophe, que la postérité améliora sans doute : *« Allez dire à ceux qui vous envoient que nous sommes ici par la volonté du peuple et que nous n'en sortirons que par la force des baïonnettes »*. Par la suite, il joua double jeu. Favorable à une monarchie constitutionnelle « à l'anglaise » il conseilla dans l'ombre (contre rémunération pour éponger ses dettes) la famille royale tout en demandant la mise à la disposition de la nation des biens du clergé. Lorsqu'il mourut brutalement, en avril 1791, son corps fut transporté en grande pompe au Panthéon. Il en sera enlevé à l'ouverture d'une « armoire de fer » découverte, en août 1792, aux Tuileries quelques semaines après l'arrestation du roi, prouvant la duplicité de Mirabeau.

Sous le règne de Louis XVI

Marie-Antoinette (1755 – 1793)

Fille de l'empereur François Ier et de Marie-Thérèse d'Autriche, elle fut mariée à 15 ans au dauphin Louis (futur **Louis XVI**), à qui elle donnera quatre enfants, dont le futur Louis XVII qui mourut au Temple, en juin 1795, sans avoir régné.
Reine en 1774, elle agaça d'abord « l'étiquette » du fait de sa frivolité, de son goût de la liberté et de son refus des conventions. Puis elle se rendit impopulaire de ses sujets en raison de sa passion pour les robes, les bijoux et les chapeaux somptueux et invraisemblables, coûtant des sommes folles à un roi aussi besogneux que son épouse était dépensière. Son comportement des premières années expliqua pourquoi la reine ne fut pas crue du peuple dans l'affaire du « collier », en 1785. Au plan politique, sous l'influence d'un petit cercle dominé par la famille Polignac, Marie-Antoinette prit, avec le temps, un grand ascendant sur **un Louis XVI** hésitant et dépassé. Entre 1789 et 1792, elle le poussa en permanence à résister aux révolutionnaires. Grande instigatrice de la fuite royale à Varennes, en juin 1791, il fut établi qu'elle communiqua les plans militaires de la France à la cour de Vienne, en 1792, cherchant à mobiliser l'Europe royaliste contre la révolution. Très rapidement considérée comme une ennemie du peuple, les révolutionnaires qui l'appelaient « l'Autrichienne » la poursuivirent de leur haine entre 1792 et 1793. Incarcérée au Temple, en août 1792, puis à la Conciergerie, en 1793, elle fut condamnée à mort et guillotinée le 16 octobre 1793, après un procès à charge ou rien ne lui fut épargné.

Sous le règne de Louis XVI

Axel de Fersen (1755 – 1810)

Curieuse histoire d'amour que fut celle que l'on prêta au comte suédois Axel de Fersen et à **Marie-Antoinette**. Curieuse parce que l'amant présumé était à la fois un véritable « casanova » ainsi qu'une personne ne restant jamais en place. Ce fut véritablement, en 1778, que ce couple improbable commença d'exister. À compter de cette date, Fersen devint effectivement un habitué des petits cabinets de la reine. Cependant, ce beau cavalier partit bientôt combattre l'Angleterre, notamment en Amérique. Sur place, il participa à la guerre d'indépendance des États-Unis, sous les ordres du comte de **Rochambeau** puis se conduisit également brillamment au siège de **Yorktown** en Virginie. Il rentra de campagne en juin 1783, et se rendit à Versailles où il obtint, toujours par la faveur du roi Gustave III et de la reine, le « Royal-Suédois » (un régiment d'infanterie) en pleine propriété avec vingt mille livres de rentes. Par la suite, on le revit par intermittence auprès de la reine, par exemple durant **les journées d'octobre 1789**. Puis, au printemps 1791, afin d'organiser la fuite royale de Varennes. Dès lors, Fersen parcourut l'Europe pour tenter de mettre sur pied une coalition armée permettant de libérer les prisonniers royaux des Tuileries. En février 1792, Fersen proposa une nouvelle « évasion » que **Louis XVI** refusa. Au plan sentimental, les lettres échangées entre **Marie-Antoinette** et Alex de Fersen entre juin 1791 et août 1792 démontrèrent que la reine semblait vraiment sensible à Fersen. Cet amour fut-il consommé ? Les historiens restent hésitants sur le sujet.

Sous le règne de Louis XVI

Marquis de la Fayette (1757 – 1834)

Le marquis de La Fayette eut une longue histoire. Âgé seulement de vingt ans, et enthousiasmé par la cause des colons américains révoltés, il se rendit en avril 1777 en Amérique. Il participa à la bataille de Brandywine, au cours de laquelle il fut blessé, puis reçut le commandement des troupes de Virginie. Il repartit alors en France plaider la cause américaine auprès de **Louis XVI**. Il obtint qu'un corps d'environ six mille hommes, commandé par le **général Rochambeau**, soit envoyé outre-Atlantique. La victoire de **Yorktown** en octobre 1781 aboutira à l'indépendance des États-Unis. Rentré en France, au début de la révolution, La Fayette fut nommé commandant de la garde nationale de Paris. Il joua un rôle prépondérant lors des journées **d'émeutes d'octobre 1789**, qui ramenèrent **Louis XVI** et sa famille aux Tuileries. En juillet 1790, il fut de ceux qui organisèrent la fête de la Fédération. Mais se retrouvant à la tête de la Garde nationale, il réprima fermement la **manifestation du Champ-de-Mars**, en juillet 1791. Discrédité aux yeux des révolutionnaires les plus engagés, il démissionna. Il essaya ensuite de soulever, au profit du roi, l'unité militaire qu'on lui avait confiée, mais sans succès. Capturé par les Autrichiens, La Fayette resta cinq ans prisonnier et ne fut libéré qu'après le traité de Campoformio, en 1797. Beaucoup plus tard, il louvoya entre un soutien à Louis XVIII et un ralliement à Bonaparte après son retour de l'île d'Elbe. On le revit une dernière fois, en 1830, après la révolution des « Trois Glorieuses » et l'avènement de Louis-Philippe avant de s'effacer définitivement.

Sous le règne de Louis XVI

Antoine Barnave (1761 – 1793)

Antoine Barnave fut un homme d'engagement. Jeune et brillant avocat au parlement de Grenoble, il participa dès 1787 à l'agitation anti-absolutiste et à la campagne pour la convocation des États généraux de 1789. Dans ses écrits, imprégnés de la philosophie politique de Montesquieu, il se prononça en faveur de la séparation des pouvoirs et d'une monarchie constitutionnelle. Durant l'été 1788, il fut avec Mounier l'un des artisans de la résistance active du Dauphiné. Député aux États généraux de 1789, il prêta le **serment du jeu de paume**. Devenu l'un des plus actifs dirigeants du parti patriote, il rédigea le règlement du club des Jacobins et s'opposa au parti des monarchiens (prônant une monarchie à l'anglaise) en formant avec Duport et Lameth le triumvirat qui imposa ses vues à la « constituante » jusqu'en 1791. Mais Barnave n'était pas un vrai révolutionnaire. Il avait pour premier souci de contenir tant la contre-révolution aristocrate qu'un mouvement populaire désordonné. Brillant orateur à l'esprit clair, Barnave finit cependant par s'isoler. Après l'arrestation du roi à Varennes, il prononça en juillet 1791 un discours ambigu consacrant l'inviolabilité du roi. Non élu à la Législative, affilié désormais aux Feuillants, clairement opposé aux Jacobins, l'écho de sa voix s'estompa. Il tenta, par une correspondance secrète, de convaincre la reine de se rallier à la **Constitution de 1791**. Lors des évènements d'août 1792, on retrouva dans le cabinet du roi un document le compromettant qui entraîna son arrestation. Barnave fut guillotiné sous la Terreur en novembre 1793.

II) LES BATAILLES NOTABLES
(et autres conflits intérieurs)

Sous le règne d'Henri IV

Arques (1589)

Après le décès d'Henri III, qui désigna, sur son lit de mort, Henri de Navarre pour lui succéder, rien ne fut simple pour le nouveau roi **Henri IV**. Étant donné que ce dernier était protestant et que le royaume restait très majoritairement catholique, il fallut d'abord que le nouveau monarque conquiert son trône en montrant quelques talents militaires. Et notamment contre **Charles de Mayenne**, frère cadet du défunt duc de Guise, qui avait pris la tête de la branche militaire de la « Ligue ». Le premier choc eut lieu en Normandie, en septembre 1589. **Henri IV** ne disposait alors que de huit mille soldats et de quelques espoirs de renfort en provenance d'Angleterre. En face, **Charles de Mayenne** put réunir trente cinq mille « ligueurs ». Réfugié initialement à Dieppe, **Henri IV** changea de tactique. Il décida de se rendre vers le bourg d'Arques, dans le Cotentin, et d'y placer des moyens de défense importants (travaux de terrassement et de fortifications). À compter du 15 septembre 1589, les ligueurs lancèrent plusieurs assauts sur la place fortifiée. Des assauts, qui malgré l'artillerie royale, furent meurtriers des deux côtés, réduisant les capacités de résistance de l'armée d'**Henri IV**. À compter du 23 septembre, plus de cinq mille soldats écossais et anglais vinrent prêter main-forte à **Henri IV**. Ajoutés aux cinq cents arquebusiers de François de Coligny, ces renforts firent basculer la bataille du côté d'**Henri IV**.

Sous le règne d'Henri IV

Ivry-la bataille (1590)

Quelques mois après une première victoire des troupes **d'Henri IV** sur le **duc de Mayenne**, à **Arques**, près de Dieppe, les deux hommes recommencèrent de régler leurs comptes sur un autre terrain de bataille.

Une nouvelle confrontation semblait inévitable depuis qu'**Henri IV** assiégeait Paris (qui lui était toujours hostile) et qu'il existait encore un couloir normand pouvant ravitailler la capitale.

Une fois de plus, la supériorité numérique de l'armée de **Mayenne** (douze mille fantassins et mercenaires allemands plus quatre mille cavaliers dont une partie venue des Pays-Bas espagnols) était assez sensible. Le camp royaliste ne pouvant compter que sur huit mille hommes d'infanterie plus trois mille cavaliers.

La bataille eut lieu le 14 mars 1590, plaine de Saint-André, près de la commune d'Ivry, désormais rebaptisée Ivry-la-Bataille en souvenir de celle-ci. Ce fut une mêlée assez confuse, dans laquelle **Henri IV** donna beaucoup de sa personne. Plusieurs fois, on le crut mort, mais à chaque fois il se montra à ses soldats en criant sa fameuse harangue qui le rendit si populaire *« Compagnons, je veux vaincre ou mourir avec vous (…) ne perdez point de vue mon panache. Vous le trouverez toujours au chemin de l'honneur et de la victoire… »* Finalement, cette harangue porta ses fruits. Les chefs ligueurs furent poursuivis. **Mayenne** dut se réfugier à Nantes. Cette bataille sonna le glas de l'armée catholique, déjà fort éprouvée par la bataille d'**Arques,** en septembre 1589.

<u>Sous le règne d'Henri IV</u>

Fontaine-Française (1595)

La bataille de Fontaine-Française, à trente kilomètres au nord de Dijon, se déroula le 5 juin 1595, entre les troupes **d'Henri IV** et un contingent militaire espagnol (allié aux ligueurs du **duc de Mayenne**) de douze mille hommes.

En réalité, il n'y eut pas de véritable bataille. L'armée à la disposition d'**Henri IV** ne comprenait que trois mille soldats et le roi ne souhaitait naturellement pas livrer bataille contre un ennemi en nombre quatre fois supérieur.

Pour s'en sortir, **Henri IV** usa d'un double stratagème. Avant que les Espagnols n'aient eu le temps de s'installer, **Henri IV** s'engagea rapidement dans des raids impétueux, avec beaucoup d'assurance. Puis il « aurait » utilisé (ce n'est pas certain) de nombreux paysans locaux avec leurs outils pouvant briller au soleil afin de les faire « parader » de loin sur une colline dans le but d'impressionner l'ennemi.

De fait, indécis sur la puissance réelle de l'armée du roi de France, les ligueurs et les Espagnols repassèrent la Saône dès le lendemain pour se replier en Franche-Comté. Avec habileté, **Henri IV** fit beaucoup de communication sur cette « bataille » pourtant quasiment inexistante, « gagnée » contre l'ennemi traditionnel espagnol. Cette victoire marqua la fin définitive des velléités militaires de la Ligue. Il fallut cependant attendre le 2 mai 1598, pour que soit signée la **paix de Vervins** et que les Espagnols abandonnent les dernières places qu'ils tenaient encore en France.

Sous le règne de Louis XIII

Ponts-de-Cé (1620)

Louis XIII eut certaines difficultés à écarter du pouvoir sa mère **Marie de Médicis** qui l'exerçait depuis la mort d'**Henri IV**, en 1610. Exilée une première fois, en 1619, à Blois, la reine mère s'échappa et « leva » une armée contre son fils. Ce dernier refusa de s'engager militairement contre sa mère et lui céda, lors du traité d'Angoulême d'avril 1619, les villes d'Angers et de Chinon, tout en lui interdisant de revenir au conseil.

En octobre 1619, le roi fit libérer **Henri de Condé**, chef des protestants. **Marie de Médicis** utilisa ce prétexte pour se lancer alors dans une nouvelle révolte, avec l'appui, croyait-elle, des « Grands » du royaume (les ducs de Vendôme, **d'Épernon, de Retz**, de Soissons et de bien d'autres…).

En réalité, ces alliances n'existaient que sur le papier. La désorganisation était totale entre ces grands noms qui n'avaient jamais eu réellement l'intention de livrer bataille. Un accrochage (une « drôlerie » précisa-t-on à l'époque) eut donc bien lieu, en août 1620, aux Ponts-de-Cé, à un passage stratégique de la Loire. Sans unité, sans commandement, ces opposants furent débandés par l'armée de **Louis XIII**. S'ensuivit alors la paix d'Angers signée entre le roi et **Marie de Médicis**. Par crainte de voir sa mère poursuivre ses complots, **Louis XIII** accepta cependant son retour à la cour de France. Elle se réconcilia avec son fils, par l'entremise notamment de **Richelieu**, alors évêque de Luçon. Un retour en grâce qui ne fut que provisoire.

<u>Sous le règne de Louis XIII</u>

<u>Siège de Montauban (1621)</u>

Après que Louis XIII eut arraché le pouvoir à **Concini** et malgré les attendus de **l'Édit de Nantes**, le jeune roi décida de ramener sous son orbite les principales cités protestantes rebelles. Montauban était considérée comme telle, après La Rochelle.

En août 1621, **Louis XIII** et son connétable, le **duc de Luynes**, mirent ainsi en place un siège à la tête d'une armée de vingt-cinq mille hommes et de 38 canons, faisant face à six mille Montalbanais, armés de 40 canons. À l'intérieur de l'enceinte, les protestants s'étaient bien préparés. Ils érigèrent sur place une défense implacable de la ville, étant motivés par leur foi religieuse. De nombreux assauts royaux échouèrent. Des sorties de soldats montalbanais firent également quelques dégâts dans les troupes du connétable. Les arrières de l'armée royale furent également harcelées par le **duc de Rohan**, basé dans la région. Pour finir, la peste fit également quelques ravages dans les rangs royaux et le **duc de Luynes** mourut lui-même d'une maladie infectieuse. Après quelques tentatives de négociation avortées entre le **duc de Luynes** et **Rohan, Louis XIII** se vit contraint de lever le siège, en novembre 1621. Mais le roi ne s'avoua pas vaincu. L'année suivante, il revint dans la région en changeant de stratégie, préférant s'attaquer aux cités environnantes afin d'isoler Montauban…

De fait, quelques années plus tard, Montauban, étranglé économiquement, dut signer sa reddition au **cardinal de Richelieu**, sans pour autant avoir perdu de siège.

Sous le règne de Louis XIII

Siège de la Rochelle (1627-1628)

Parmi toutes les clauses comprises dans **l'Édit de Nantes**, signé en 1598, figurait la quasi officialisation de « places de sûreté » accordées aux protestants. De toutes celles qui existaient, La Rochelle était la plus problématique dès lors qu'elle était à la fois accessible par la mer et que l'Angleterre proche pouvait commercer avec elle.

Pour le **cardinal de Richelieu**, ce port, devenu le principal bastion de la religion réformée, constituait un véritable « État dans l'État », une situation qu'il jugea inacceptable.

Il fit donc commencer un siège, en septembre 1627, et pour être certain que la ville ne soit plus approvisionnée par mer, fit ériger une digue impressionnante d'1,5 km de long, sur seize mètres de large et vingt mètres de haut. Un chantier achevé au printemps 1628. Bien que la marine anglaise, commandée par le duc de Buckingham, tenta plusieurs fois de forcer l'installation mise en place, le plan fonctionna d'autant mieux que les navires anglais étaient également pourchassés par la marine royale française.

Au final, la cité rochelaise, affamée (5 500 survivants sur 28 000 habitants) et, finalement abandonnée par ses alliés anglais, capitula après un an de siège, en octobre 1628.

La **paix d'Alès** signée en juin 1629 confirma la défaite des huguenots qui perdirent leurs derniers droits politiques, militaires et territoriaux. Seule la liberté de culte leur fut accordée.

Sous le règne de Louis XIII

Succession de Mantoue (1627-1631)

Le duché de Mantoue et le marquisat de Montferrat appartenaient aux Gonzague, mais relevaient du Saint-Empire. Le dernier duc désigna son cousin, Charles de Nevers, comme son successeur. Celui-ci en prit possession, en janvier 1628. Mais les Habsbourg ne voulurent pas qu'un prince français s'implante en Italie du Nord. Ils passèrent alors à l'offensive en investissant Casal et Mantoue, tandis que leur allié, le **duc de Savoie**, s'emparait du Montferrat.

Mobilisé par le **siège de La Rochelle** jusqu'à la fin 1628, **Louis XIII** se contenta dans un premier temps de manœuvres diplomatiques. Mais en 1629, il se décida à secourir Charles de Nevers. Son armée força le « pas de Suse » et fit se lever le siège de Casal. Le roi revint alors en Languedoc pour en finir avec les derniers rebelles protestants. L'année suivante, comme les Espagnols et les impériaux avaient repris les sièges de Casal et de Mantoue, les troupes françaises durent refaire campagne en Italie. Celle-ci fut marquée par la prise de Pignerol, en mars 1630, et l'occupation de la Savoie proprement dite, obligeant son duc à signer une trêve. Mais à l'été 1630, Casal et Mantoue furent enlevés par les Habsbourg. Alors qu'une grande bataille se dessinait pour le contrôle de Casal, **Mazarin**, négociateur du pape, réussit à faire cesser les combats puis à obtenir la signature de l'avantageux traité de Cherasco, en avril 1631. À cette date, Charles de Nevers fut enfin reconnu duc de Mantoue et la France reçut Pignerol.

<u>Sous le règne de Louis XIII</u>

Corbie (1636)

Sous **Louis XIII** eut lieu dans toute l'Europe, pour des motifs confessionnaux et hégémoniques, une guerre dite de Trente Ans (1618-1648). Jusqu'en 1635, la France de **Louis XIII** n'intervint que de façon « indirecte » en soutenant financièrement et diplomatiquement les pays s'opposant aux impériaux.
Puis, en regard de l'encerclement progressif du royaume de France par les Habsbourg (Saint-Empire et Royaume d'Espagne), **Louis XIII** et **Richelieu** durent se résoudre à passer à l'offensive en déclarant directement la guerre à l'Espagne, en mai 1635.
Les débuts militaires de la France dans ce grand conflit européen furent laborieux. Aucune place ne fut prise dans les Pays-Bas. En 1636, les Français ne réussirent pas à progresser davantage ni à l'est ni en Italie, mais essuyèrent un sérieux revers au nord, où les Espagnols franchirent la Somme en s'emparant de la ville fortifiée de Corbie, en Picardie.
Paris directement menacée, **Louis XIII** leva une armée de secours qui finit par reprendre Corbie, en novembre 1636. Par la suite, aucun des belligérants ne parvint à obtenir de succès décisifs. En 1638, les troupes de Bernard de Saxe-Weimar, au service de la France, prirent Brisach en Alsace et la flotte française vainquit les Espagnols dans le golfe de Gascogne. Mais le duc de la Valette en revanche fut vaincu à terre devant Fontarabie, dans le Pays-Basque espagnol. Le conflit s'enlisa…

Sous le règne de Louis XIV

Rocroi (1643)

La bataille de Rocroi, place forte des Ardennes, eut lieu en mai 1643 et mit aux prises le représentant espagnol, Don Francisco de Melo, gouverneur des Pays-Bas, à un jeune général français de 22 ans, **Louis II de Bourbon-Condé**, duc d'Enghien et bientôt premier prince du sang. Cette bataille se déroula dans le cadre de la « Guerre de Trente Ans » opposant le camp des Habsbourg d'Allemagne et d'Espagne aux puissances européennes protestantes auxquelles s'était joint, depuis 1635, le royaume de France.

La garnison de Rocroi (500 hommes) bloquant les Espagnols pour une éventuelle marche sur Paris, ces derniers avaient dépêché vingt mille fantassins aguerris (les célèbres « Tercios » jugés invincibles) et huit mille cavaliers pour faire sauter ce verrou. Pour le compte de la France, une troupe de quatorze mille fantassins et de six mille cavaliers fut dépêchée pour porter secours à la place forte. Après de durs combats, la supériorité de la cavalerie française s'avéra décisive. Le **jeune Condé**, payant en la circonstance de sa personne. Bien secondé par un autre redoutable chef militaire (Jean de Gassion) il remporta un succès qui fit sensation en Europe, en raison de la notoriété de l'infanterie espagnole et de la jeunesse du général Français. Tout juste après la mort de **Louis XIII**, cette célèbre victoire (250 drapeaux pris à l'ennemi) inaugura de la plus belle des façons la régence d'**Anne d'Autriche**.

Sous le règne de Louis XIV

Fribourg (1644)

La bataille de Fribourg-en-Brisgau, sur le Rhin, fut la seconde victoire signalant la haute valeur militaire du **« grand Condé »**. Comme à **Rocroi**, celle-ci s'inscrivit dans le cadre de la « guerre de Trente Ans ». Elle opposa les soldats de **Condé**, associé à **Turenne**, aux Bavarois de Franz von Mercy, retranchés dans cette citadelle, depuis juillet 1644.

Le 3 août, les Français passèrent à l'offensive en attaquant les fortifications adverses. Le vicomte de **Turenne** prit sa part de ce terrible combat, dans lequel, après des efforts incroyables contre des ennemis couverts d'un abattis d'arbres et de rocs entassés, **Turenne** parvint à s'ouvrir un passage dans la plaine.

Le soir, après de furieux mais coûteux combats, les armées royales étaient parvenues à s'emparer des lignes ennemies. Cependant, profitant de l'épuisement des Français, Von Mercy s'installa sur une deuxième ligne fortifiée. Le lendemain, 4 août, les Français se lancèrent de nouveau à l'assaut, mais furent cette fois-ci stoppés, laissant quatre mille tués et blessés sur le terrain. Il fallut l'arrivée de cinq mille hommes supplémentaires pour que **Bourbon-Condé** puisse emporter la décision finale. Le 9 août, malgré les pertes observées de chaque côté (7 500 hommes), l'armée royale se préparait enfin à investir la ville de Fribourg elle-même, où von Mercy avait fait retrancher ses troupes, mais celui-ci se retira et abandonna la ville avec son armée intacte

Sous le règne de Louis XIV

Nördlingen (1645)

Dans le cadre de la « guerre de Trente Ans », les Habsbourg d'Allemagne s'opposèrent aux Français dans les années 1640. Après la bataille de **Fribourg** d'août 1644, ces derniers occupaient l'Alsace. Pour négocier une paix future, qui se dessinait déjà, une nouvelle bataille eut lieu à Allerheim, près de Nördlingen. On retrouva les mêmes chefs que précédemment. Côté Français, le **duc d'Enghien** et **Turenne**, côté impériaux le maréchal Franz von Mercy (qui perdit la vie à cette occasion) et Jean de Werth, un célèbre mercenaire belge. Comme à **Fribourg**, il s'agissait de déloger l'ennemi d'une place fortifiée et retranchée. La bataille fut acharnée, les pertes fort nombreuses (quatre mille hommes de chaque côté). Les historiens considérèrent que la victoire finale fut française, car les impériaux quittèrent finalement la place, mais tous reconnurent que ce fut une victoire à la Pyrrhus. Car les Français, qui ne disposaient plus que de 1500 fantassins valides après cet affrontement, ne furent pas en mesure de l'exploiter en pénétrant plus avant en Bavière. Toutefois, à la suite de cette bataille, le camp bavarois commença des négociations de paix qui conduisirent à la trêve d'Ulm, deux ans plus tard. **Condé** n'omit pas de rendre les honneurs funèbres au maréchal von Mercy, enterré sur le champ de bataille. Quant au village martyr d'Alerheim il fut tellement dévasté que sa reconstruction ne fut menée à bien et terminée que 70 ans plus tard.

Sous le règne de Louis XIV

Siège de Dunkerque (1646)

Le siège de Dunkerque eut lieu de septembre à octobre 1646 pendant « la guerre de Trente Ans ». Dunkerque, première ville maritime des Flandres, était alors espagnol depuis 1559. C'était un véritable nid à corsaires impériaux d'où s'élançaient de nombreuses escadres faisant pièce à la marine française.
Pour récupérer cette place stratégique, on envoya une nouvelle fois le **duc d'Enghien**, bientôt titré **Louis II de Bourbon-Condé**.
En dehors de ses propres forces, ce dernier put compter sur trois mille fantassins polonais, dépêchés en France par leur reine, la fille de Charles de Nevers, duc de Mantoue, qu'**Anne d'Autriche** et **Mazarin** avaient mariée au vieux roi de Pologne, Ladislas IV. Ce fut, à la fois, la première fois que des Polonais aidèrent la France et le point de départ d'une fraternité militaire entre ces deux pays.
Au plan opérationnel, **Enghien** commença par isoler complètement la ville de ses relais, comme Furnes prise en septembre 1646. Il s'empara des forts qui commandaient les canaux alentour, jetant des ponts pour lui assurer toutes les communications nécessaires. Il fit boucher les écluses que les Espagnols avaient ouvertes pour inonder les plaines et fit enfin barrer la grève par une estacade (quai long et bas). Du côté de la mer, pas d'échappatoire possible avec la présence de dix vaisseaux hollandais alliés de la France auxquels s'étaient joints des frégates normandes et picardes. Dès lors, la résistance espagnole ne dura qu'un mois. Dunkerque fut contraint d'ouvrir ses portes le 11 octobre 1646.

Sous le règne de Louis XIV

Lens (1648)

La bataille de Lens intervint, en août 1648, à la fin de la « Guerre de Trente Ans », après la reprise de la ville de Lens (tombée aux mains des Français en 1647) par l'archiduc Léopold-Guillaume de Habsbourg. Les troupes françaises **du grand Condé** rencontrèrent les Espagnols dans la plaine de Lens. Dans un premier temps, les gardes françaises, placées en première ligne, furent fort maltraitées par la cavalerie lorraine. **Condé**, qui avait cru n'avoir affaire qu'à une partie de l'armée ennemie, reconnut rapidement son erreur et ordonna la retraite. Contraint d'accepter la bataille, il rusa pour combler son infériorité numérique et feignit une retraite pour rassembler ses forces. Le jeune archiduc ordonna à sa cavalerie de charger, mais celle-ci fut repoussée par une violente contre-offensive française. La cavalerie impériale paniqua et dut fuir, laissant l'infanterie espagnole sans couverture. Dans un premier temps, cette dernière brisa le régiment des gardes-françaises, mais fut contournée par la cavalerie de **Condé**. Les troupes à pieds espagnoles, encerclées, se rendirent sans combattre davantage. Au total, les Espagnols perdirent à Lens huit mille hommes, dont cinq mille prisonniers. Ce fut le plus grand revers de l'Espagne depuis longtemps. La victoire remportée par l'armée du **« grand Condé »** renforça la position de la France et des princes protestants allemands dans les futures négociations de paix avec les impériaux. Elle ne régla cependant pas, loin de là, tout le contentieux avec les Espagnols.

Sous le règne de Louis XIV

Fronde parlementaire (1648-1650)

En 1648, **Louis XIV** n'était pas en âge de gouverner le royaume. Un conseil de régence fut mis en place, dirigé par sa mère **Anne d'Autriche**, conseillée elle-même par le **cardinal de Mazarin**. Depuis 1643, la France menait des guerres extérieures, notamment contre les Habsbourg d'Espagne. Un effort militaire long et coûteux nécessitant de lever toujours plus d'impôts. Il n'en fallut pas davantage pour qu'une majorité de parlementaires se révolte en montant la tête du peuple parisien contre le luxe ostentatoire de la cour. Enhardi, le parlement de Paris entreprit, en mai 1648, de vouloir réformer le partage du pouvoir, malmené après le passage de **Richelieu**. À l'initiative du conseiller Pierre Broussel, le Parlement mit en oeuvre une chambre devant décider de la réforme de l'État. Début juillet 1648, cette chambre imposa à **Anne d'Autriche** une charte de 27 articles donnant au Parlement de nombreux droits dont celui de valider tout impôt nouveau. La régente feignit de se soumettre, mais suite à la grande victoire que **Condé** remporta, en août 1648, à **Lens**, elle fit arrêter les meneurs de cette fronde, dont Pierre Broussel. Mais ce dernier était très populaire à Paris. À cette annonce, Paris se souleva. La régente libéra ses prisonniers et dut s'enfuir à Saint-Germain-en-Laye avec le cardinal et son fils. L'armée royale, commandée par **Condé**, organisa alors le siège de Paris. Les parlementaires, ayant en partie obtenue satisfaction n'insistèrent pas. Tout ce petit monde signa alors la **paix de Rueil**, censée achever la fronde parlementaire.

<u>Sous le règne de Louis XIV</u>

Fronde des Princes (1650-1653)

En plusieurs circonstances, le **prince de Condé** avait sauvé la monarchie (**Rocroi**, **Lens**, Charenton…). Grisé par ces succès et sûr de son aura, il commença à devenir impertinent en vouant à **Mazarin** un dédain ostensible. La régente, prenant peur que **Condé** songe au pouvoir, le fit arrêter en janvier 1650 (ainsi que son frère, le Prince de Conti et son beau-frère, le duc de Longueville). En réaction à ces arrestations la Guyenne, la Bourgogne et d'autres territoires se soulevèrent. En février 1651, une nouvelle coalition des parlementaires et des « grands » obtint la libération des princes et l'exil de **Mazarin**. Mais de graves dissensions naquirent alors entre frondeurs. De plus, **Turenne**, jusque-là indécis, se rallia à **Louis XIV**, qui, devenu enfin apte à régner, s'installa à Poitiers avec **Mazarin**. De son côté, **Condé** et ses partisans entretinrent, depuis Bordeaux, un soulèvement provincial avec l'appui de l'Espagne. Après le combat indécis de Bléneau, en avril 1652, **Condé**, poursuivi par **Turenne**, se rendit maître de Paris grâce à la « **Grande Mademoiselle** » qui fit tirer au canon de la Bastille sur les troupes royales, en juillet 1652. Mais les atermoiements des frondeurs, le comportement irascible de **Condé** et la lassitude engendrèrent finalement un ralliement général à la monarchie. En octobre 1652, **Condé** se mit au service de l'Espagne tandis que **Louis XIV** et **Anne d'Autriche** rentrèrent à Paris, suivis de **Mazarin**. Le Parlement dut alors se soumettre et la noblesse fut dans un premier temps surveillée, plus tard « domestiquée ».

Sous le règne de Louis XIV

Bataille des Dunes (1658)

Dans le long conflit qui opposa la France à l'Espagne entre 1635 et 1659, la dernière bataille significative fut celle remportée par une coalition franco-anglaise commandée par le **vicomte de Turenne** contre les troupes espagnoles, emmenées par le **Prince de Condé** et Don Juan José d'Autriche

Depuis 1653 et les évènements de « **la Fronde** » **Condé**, premier prince du sang, s'était mis au service de l'Espagne. En 1656, les Français n'étaient pas parvenus à s'emparer du Hainaut. Ils avaient perdu plusieurs milliers d'hommes lors du siège raté de Valenciennes. Devant le blocage des positions sur les terrains militaires et diplomatiques, l'habile **Mazarin** s'était alors rallié à l'Angleterre, en mars 1657, une alliance qui fit basculer la victoire dans le camp français. En juin 1658, lors de la bataille des Dunes (de Leffrinckoucke, près de Dunkerque) les franco-anglais ne perdirent que 400 hommes, quand les Espagnols et le corps de **Condé** laissèrentt sur le terrain près de cinq mille soldats dont trois à quatre mille prisonniers. En contrepartie de l'aide apportée par les Anglais, ces derniers (re)prirent possession de Dunkerque, finalement revendue à **Louis XIV** en 1662.

Quelques mois plus tard, en novembre 1659, le **traité des Pyrénées** scella à la fois la paix retrouvée entre l'Espagne et la France, le triomphe de **Turenne** élevé au rang de Maréchal général des armées du roi et l'absolution de **Condé**, redevenu loyal à **Louis XIV**.

<u>Sous le règne de Louis XIV</u>

Guerre de Dévolution (1667-1668)

Lorsque Philippe IV d'Espagne mourut en septembre 1665, il laissa pour seul héritier un enfant de cinq ans, Charles II, à la santé très fragile et dont toute l'Europe attendait la fin imminente. Si celle-ci survenait, le testament de Philippe IV concernant ses possessions ne désignait que les descendants des Habsbourg d'Autriche. En était exclue Marie-Thérèse d'Espagne, sa propre fille. Or depuis 1660, cette dernière était l'épouse de **Louis XIV**. Un testament clairement inacceptable pour le roi de France qui réclama, au nom du droit de dévolution de son épouse, une partie des Pays-Bas et la Franche-Comté.

En mai 1667, **Louis XIV** fit d'abord diffuser un document, rappelant les droits légitimes de son épouse à la succession espagnole dans les Pays-Bas. Puis il mobilisa ses chefs de guerre. **Turenne** envahit la Flandre et s'empara de douze places, notamment de Lille, qui se rendirent sans combattre. Quant à **Condé,** il occupa la Franche-Comté en février 1668.

Cependant, devant la menace de la Triple-Alliance conclut en janvier 1668 contre la France, entre l'Angleterre, les Provinces-Unies et la Suède, il signa le **traité d'Aix-la-Chapelle,** en mai 1668, par lequel il restituait la Franche-Comté à l'Espagne, mais conservait les douze places conquises par **Turenne** en Flandre, dont Lille, Tournai, Douai, Charleroi et Armentières.

Sous le règne de Louis XIV

Guerre de Hollande (1672-1678)

Première guerre vraiment « européenne », elle opposa la France et quelques alliés ponctuels (dont l'Angleterre et la Suède) à la « Quadruple-Alliance » réunissant d'abord les Provinces-Unies (les Pays-Bas et la Belgique d'aujourd'hui), puis le Saint-Empire germanique, le Brandebourg et l'Espagne. Bien que **Louis XIV** détestait, par définition, la Hollande républicaine et calviniste, les motifs de cet affrontement général furent plutôt économiques (guerre douanière). Les premières batailles tournèrent à l'avantage des Français lorsque **Turenne** s'empara rapidement de toutes les places orientales des Provinces-Unies. Mais, en juin 1673, malgré la prise de Masstricht, l'armée française ne parvint pas à abattre la résistance des Hollandais de Guillaume d'Orange. Ce dernier n'ayant pas hésité à inonder une grande partie de son pays. L'année 1674 vit la victoire de **Condé** à Seneffe (en Belgique) et la brillante campagne de **Turenne** en Alsace. Malheureusement ce dernier fut tué au combat. Au plan maritime, grâce à la belle victoire de Duquesne à Agosta (au large des côtes siciliennes) sur les flottes réunies d'Espagne et de Hollande, les Français devinrent maîtres provisoirement de la Méditerrannée. Au plan terrestre, après une ultime offensive française, tout le monde accepta de négocier une paix générale (**Traités de Nimègue**).
Si les Provinces-Unies obtinrent une paix blanche, ce fut l'Espagne qui fit les frais de cette longue guerre, puisqu'elle dut céder à la France de nouvelles places en Flandre et en Franche-Comté.

Sous le règne de Louis XIV

Guerre des Réunions (1683-1684)

Une fois passé l'euphorie de la **paix de Nimègue**, **Louis XIV** se sentit malgré tout frustré par ce traité qui ne lui apportait pas tous les gains territoriaux espérés. La période de calme qui s'ensuivit fut alors mise à profit pour « annexer » en pleine paix des places et territoires frontaliers, ayant été cédée lors de traités précédents. Ce fut ce que l'on appela la politique des « réunions » permettant de récupérer, sans combattre, quelques territoires en Lorraine et en Alsace. Ainsi furent annexés de force Strasbourg en octobre 1681 et quelques villes des Pays-Bas espagnols.
Cette politique de grignotage finit par aboutir à une nouvelle guerre avec les Pays-Bas espagnols, surtout marquée par la prise de Luxembourg. Dans un premier temps, les Habsbourg d'Espagne, puis ceux d'Autriche, occupés par une dangereuse offensive turque sur Vienne, finirent par reconnaître les annexions françaises pour vingt ans à la **trêve de Ratisbonne**, en août 1684. Mais, si pour **Louis XIV**, l'objectif des « réunions » était purement défensif (doter ainsi le royaume de frontières plus rationnelles et plus sûres) cette politique « incorrecte » agaça de nombreux pays européens. Pour les princes luthériens allemands, la tension monta encore d'un cran avec la **révocation de l'Édit de Nantes**, en 1685, qui chassa une grande partie des protestants de France. Dès lors, la mise en place de la **Ligue d'Ausbourg,** rassemblant de très nombreux pays contre la France, fut la réponse d'une partie de l'Europe à la politique agressive de Louis XIV.

Sous le règne de Louis XIV

Guerre de la ligue d'Augsbourg (1688-1697)

À l'automne 1688, ne parvenant pas à transformer **la trêve de Ratisbonne** en paix définitive, **Louis XIV** lança une grande offensive préventive dans le Palatinat (en Bavière). Il prit rapidement possession des principales places de la vallée du Rhin. Cette action mit le feu aux poudres. La France se retrouva seule contre une grande partie de l'Europe coalisée (Allemagne, Provinces-Unies, Espagne Angleterre et Savoie). Ainsi naquit la Ligue d'Augsboug. Rapidement, le Palatinat fut littéralement ravagé et pillé par les Français. Cette action suscita l'indignation des coalisés et entraîna une guerre sans merci. En 1689, les impériaux reprirent Mayence et Bonn, mais la suite fut indécise. Dans un premier temps, le **maréchal de Luxembourg** tint à bout de bras les intérêts de la France avec sa victoire à Fleurus, en juillet 1690, et dans les Pays-Bas (Leuze en 1691, Steinkerque en 1692, Neerwinden en 1693). Mais sur mer, le vice-amiral de Tourville ne put éviter le désastre de la Hougue, au large du Cotentin, contre la flotte anglo-hollandaise. Puis cette guerre s'enlisa. Les deux camps s'épuisant financièrement, sans réussir à forcer la décision.
La France entama alors des pourparlers avec la Savoie, le maillon faible de la coalition. Un traité de paix fut signé, en juin 1696, qui restituait de nombreuses possessions au duc de Savoie. Cette défection, et quelques actions d'éclat comme les prises de Carthagène et de Barcelone, aboutirent finalement à la signature d'une paix générale à **Ryswick**, en octobre 1697.

<u>Sous le règne de Louis XIV</u>

<u>Guerre de succession d'Espagne (1701-1714)</u>

Quand Charles II d'Espagne mourut, en novembre 1700, il désigna pour lui succéder le duc d'Anjou, petit-fils de **Louis XIV**, qui régnera sous le nom de **Philippe V**. Les Européens ne pouvant accepter de voir les Bourbons, maîtres de ces deux monarchies, ce testament entraîna une nouvelle guerre générale. Les premières années du conflit furent plutôt à l'avantage des Français qui réussirent à contenir les offensives du prince Eugène de Savoie en Italie. Mais, à compter de 1704, les Français essuyèrent des revers. Le duc de Marlborough réussit à joindre ses forces anglaises à celle du Prince Eugène et à infliger, à Blenheim, une grande défaite aux franco-bavarois, qui durent évacuer tout le sud de l'Allemagne. En 1706, le maréchal de Villeroy fut écrasé à Ramillies, en Belgique, et dut abandonner les Pays-Bas, tandis qu'Eugène, grâce à sa victoire à Turin, en 1706, obligea les Français à repasser les Alpes. En 1707, les Bourbons stoppèrent l'invasion du prince Eugène en Provence, mais un an plus tard, Marlborough et Eugène remportèrent une nouvelle victoire à Audenarde, qui leur permit de prendre Lille. Affaibli de toute part, **Louis XIV** se résolut à demander la paix. Les limites du royaume furent ramenées à celles de 1648. Comme les alliés exigèrent que **Louis XIV** entre en guerre contre **Philippe V**, le conflit repartit. En deux circonstances, à **Malplaquet** et à **Denain,** le **maréchal de Villars** réussit à éviter une invasion du royaume. Il s'ensuivit une paix relativement équilibrée lors des **traités d'Utrecht** (1712) et de **Rastatt** (1714).

Sous le règne de Louis XIV

Malplaquet (1709)

La bataille de Maplaquet, petit hameau situé au sud de Mons, en Belgique, se déroula en septembre 1709, pendant la **guerre de « succession d'Espagne »** qui dura de 1701 à 1714. La montée sur le trône d'Espagne, en 1700, d'un Bourbon – **Philippe V** – petit-fils de **Louis XIV** fut l'étincelle qui généra ce long conflit. Il opposa les Habsbourg d'Autriche, qui revendiquaient le trône d'Espagne, alliés à l'Angleterre et aux Provinces-Unies (les « coalisés »), contre la France, aidée de l'Espagne et des « électeurs » de Bavière et de Cologne.
De 1704 à 1708, la France perdit beaucoup de batailles et donc bon nombre de territoires gagnés par le passé. Elle fut notamment chassée de Bavière, du Milanais et de Flandre et dut même reculer jusqu'à sa frontière nord. La France n'était pas loin de se faire envahir sur son propre territoire. La bataille de Malplaquet fut donc un moment clé de la guerre de succession. En face, les armées hollando autrichiennes, commandées par le duc de Marlborough et le prince Eugène de Savoie, n'hésitèrent pas à jeter beaucoup de forces dans la bataille. Au final, malgré des pertes considérables des deux côtés (vingt-deux mille hommes chez les coalisés, douze mille chez les Français), le **maréchal de Villars** put faire retraite en bon ordre, avec toute son artillerie. Ce blocage de l'ennemi arrêta le cycle des défaites, préfigurant un retournement partiel de la situation pour la France. Un demi-succès qui permettra de négocier, ultérieurement, dans de meilleures conditions.

Sous le règne de Louis XIV

Denain (1712)

Dans le cadre de l'interminable **guerre de succession d'Espagne,** la France remporta à Denain une dernière victoire sur les austro-hollandais (les « coalisés ») en juillet 1712.
C'était une place clé détenue par les forces coalisées alors que la France tenait Landrecies, dernière forteresse française avant Paris. Les forces en présence étaient assez largement déséquilibrées. Cent trente mille hommes chez les coalisés du Prince Eugène, contre soixante-dix mille, côté français. Mais ces derniers étaient commandés par le **maréchal de Villars**, un expert en stratégie militaire. Ce dernier dirigea son armée vers Landrecie, puis fit semblant de s'attaquer à Denain pour attirer une partie de l'armée du prince Eugène. Surpris et décontenancés, les austro hollandais se firent alors cueillir par le gros de l'armée de **Villars**. Ils refluèrent en désordre, en ne laissant pas moins de dix mille hommes sur le terrain. **Villars** organisa la poursuite de l'adversaire, s'empara d'une dernière poche de résistance et déploya son armée le long de l'Escaut. Les coalisés pris à revers durent évacuer le Hainaut et aussi la Flandre. Par sa victoire, le maréchal sauva in extremis la France de l'invasion. Cette victoire mit un terme à un conflit européen vieux de plus de dix ans. Sans attendre la fin des opérations militaires, les diplomates européens s'étaient réunis en congrès à **Utrecht**, en janvier 1712, en attendant le sort des armes pour boucler les négociations de paix.

Sous le règne de Louis XV

Guerre de succession de Pologne (1734)

En Europe centrale naquit un conflit à l'occasion de la succession du trône de Pologne. Deux prétendants étaient en lice. D'un côté, stanislas Leszczynski, roi chassé, en 1709. et beau-père de **Louis XV**. De l'autre, Auguste III, électeur de Saxe, fils de feu le roi Auguste II, soutenu par l'empereur Charles VI et par la Russie. Leszczynski fut élu en septembre 1733, mais l'intervention des Russes à Gdansk le contraignit à regagner la France dès 1734.
Le conflit prit alors une dimension européenne. Les Français portèrent la guerre en Italie du Nord et sur le Rhin. Tandis que les puissances maritimes (Grande-Bretagne et Provinces-Unies) restèrent neutres. **Fleury** signa un traité d'alliance avec la Savoie et l'Espagne, en 1733, dans le but de chasser les Autrichiens d'Italie. Allié de la Russie et de la Saxe, l'Autriche fit donc indirectement les frais de cette guerre. La campagne d'Allemagne ne fut guère favorable à l'empereur, défait par les Français lors des sièges de Kehl (1733) et de Philippsbourg (1734). La guerre de Succession de Pologne consacra donc l'échec du parti national en Pologne, l'annexion de la Lorraine à la France (à la mort de Stanislas) et le partage de l'Italie entre Habsbourg (Milan, Parme, Plaisance, Toscane) et Bourbons (Naples et Sicile). Elle montra également l'affaiblissement de la puissance militaire autrichienne et l'effacement de la Pologne en tant que grande puissance. L'ex place royale de Nancy porte encore de nos jours le nom de « Stanislas ».

Sous le règne de Louis XV

Guerre de succession d'Autriche (1741-1748)

En huit longues années, tissées de rebondissements et de retournements d'alliances, la guerre de succession d'Autriche révéla l'émergence d'une nouvelle puissance : la Prusse. À la mort en octobre 1740, de l'empereur d'Allemagne, Charles VI, sa fille Marie-Thérèse hérita des possessions familiales (Autriche, Bohème, Hongrie...). La France lors de l'élection du nouvel empereur noua avec la Prusse, la Saxe, l'Espagne, la Pologne, la Sardaigne et la Bavière une grande coalition contre l'Autriche, tous ayant l'espoir de dépecer ce dernier pays. Face à Marie-Thérèse, l'électeur de Bavière se fit élire empereur, en 1742 sous le nom de Charles VII. Les armées françaises envahirent alors la Bohème, tandis que le nouveau roi de Prusse, Frédéric II, s'emparait de la Silésie. Marie-Thérèse riposta en se rapprochant de l'Angleterre, de la Russie et des Provinces-Unies. En 1743, les Français furent vaincus à Dettingen et chassés d'Allemagne. En 1744, l'Alsace fut même envahie. Puis l'armée anglaise bouscula les Français sur le Rhin tandis que Frédéric II attaqua à nouveau l'Autriche. En mai 1745, **Maurice de Saxe** remporta enfin sur les troupes anglo-hollandaises la belle victoire de **Fontenoy,** près de Tournai, suivie des victoires de Raucoux, en octobre 1746, et de Lawfeld, en juillet 1747. Au final, après que **Louis XV** eut renoncé à demander quoi que ce soit pour le compte de la France, la paix fut signée, en octobre 1748, à **Aix-la-Chapelle**.

Sous le règne de Louis XV

Fontenoy (1745)

De 1740 à 1748 eut lieu une longue guerre européenne qui avait pour enjeu la succession d'Autriche. Durant cette guerre compliquée, par un jeu d'alliances à géométrie variable, la France noua avec la Prusse, la Saxe et la Bavière une grande coalition contre l'Autriche, les Provinces-Unies et l'Angleterre. À l'intérieur de ce conflit eurent lieu des batailles spécifiques. Celle qui permit à la France d'amorcer la conquête des Pays-Bas autrichiens resta célèbre sous le nom de bataille de Fontenoy, du nom d'une plaine située en Belgique, près de Tournai. Elle mit en présence en mai 1745, les troupes françaises du **maréchal de Saxe** qui affrontèrent une coalition anglo-hollandaise commandée par le duc de Cumberland. Les Anglais prirent d'abord l'offensive au centre et semblaient sur le point d'enfoncer les Français. Mais **le maréchal de Saxe** ordonna la contre-attaque. La cavalerie française se rabattit sur les flancs de la colonne anglaise qui se débanda et dut se replier en désordre. La victoire du maréchal fut complète. Trois mille morts côtés français contre deux mille Hollandais et huit mille Anglais. Bruxelles fut bientôt prise, en février 1746, tandis que le sud des Provinces-Unies était occupé. Ce grand et long conflit européen se termina par la signature d'un traité de paix (**à Aix-la-Chapelle**, en octobre 1748) où tous les vainqueurs s'y retrouvèrent... sauf la France, qui ne demanda rien !

Sous le règne de Louis XV

Guerre de Sept Ans (1756-1763)

La guerre de Sept Ans opposa de 1756 à 1763 la France, l'Autriche, la Russie et leurs alliés à l'Angleterre et à la Prusse. Ce fut donc une guerre européenne, où les théâtres d'opérations furent variés, avec comme d'habitude des renversements d'alliances. Sur le théâtre européen, les Français envahirent le Hanovre, possession du roi d'Angleterre en Allemagne, mais furent battus par Frédéric II de Prusse à Rossbach, en novembre 1757. Concernant les Français, ce conflit se déroula surtout outre mer. Ils affrontèrent les Anglais à propos du Québec et des colonies françaises aux Indes. Comme les Anglais étaient maîtres des mers, ces derniers bloquèrent les grands ports français, empêchant le renforcement et le ravitaillement des troupes coloniales. Dans ce contexte, lorsque le marquis de **Montcalm** mourut au combat, en 1759, les villes de Québec et de Montréal tombèrent. De même, aux Indes, le gouverneur Lally-Tollendal, bloqué dans Pondichéry, capitula au début de 1761. Le **traité de Paris** de février 1763 traduisit ces échecs. La France perdit la quasi-totalité de son « premier » espace colonial (Canada, Louisiane et la plupart de ses possessions aux Indes) sauf les Antilles françaises. L'Angleterre, au contraire, sortit grande gagnante de ce conflit, lui permettant de renforcer son empire colonial, en attendant la perte ultérieure de ses possessions américaines, lors de la guerre d'indépendance américaine.

Sous le règne de Louis XVI

Guerre des « farines » (1775)

Entre avril et mai 1775 eurent lieu dans l'ouest et le nord du royaume des émeutes frumentaires. Les causes de ces mouvements sociaux furent assez rapidement identifiées. Alors que les récoltes des céréales avaient été médiocres, en 1773 et 1774, le nouveau contrôleur des finances – **Turgot** – voulut bien faire en libéralisant le commerce des grains. Il supprima en conséquence la police des grains royaux. Il s'ensuivit mécaniquement dans les régions en tension, une hausse des prix des céréales et consécutivement du pain. La foule s'en prit alors aux réserves constituées par certains. Magasins privés, moulins, greniers des propriétaires aisés… accusés de stocker leurs réserves de grains pour faire monter les prix. L'agitation gagna Paris et certaines grandes villes. Les centres-villes notamment furent le théâtre de violents affrontements (pillages et entraves divers). **Turgot** rétablit cependant assez rapidement la situation en réglementant de nouveau cette denrée majeure pour le petit peuple et par l'organisation d'un approvisionnement des provinces en difficulté. La guerre des « farines » constitua cependant un ensemble d'émeutes frumentaires caractéristiques de l'Ancien Régime. Elle refléta en effet la rupture (provisoire) d'un pacte moral passé entre les pouvoirs publics et le peuple, concernant l'approvisionnement régulier des denrées alimentaires essentielles.

Sous le règne de Louis XVI

Yorktown (1781)

Depuis leur déclaration unilatérale d'indépendance de juillet 1776, les « Insurgents » (colons anglais) des treize colonies anglaises d'Amérique n'avaient remporté qu'une médiocre victoire, à Saratoga, sur les Anglais. Les Insurgents pensèrent donc chercher des soutiens en Europe. En France, par l'intermédiaire de **La Fayette,** ils convainquirent le **comte de Vergennes**, ministre des Affaires étrangères, du bien-fondé de leur cause. Finalement, heureux d'affaiblir l'Angleterre dans ces nouveaux territoires, **Louis XVI** accepta à la fois de reconnaître l'indépendance des insurgents et de signer avec eux une alliance militaire. En 1780, le roi envoya outre-Atlantique un corps expéditionnaire de six mille hommes sous le commandement du **général Rochambeau**. Ce dernier débarqua à Newport et fit sa jonction sur l'Hudson avec les six mille soldats américains de George Washington et les volontaires européens de **La Fayette**. Cette coalition assiégea Yorktown où étaient retranchés huit mille Anglais. Parallèlement, dans la baie de Chesapeake, la flotte de l'amiral français de Grasse débarqua des armes et des renforts tout en bloquant la « Royal Navy » britannique. Privée de ravitaillement, la garnison de Yorktown n'eut bientôt plus d'autre recours que de se rendre, au bout de 21 jours de siège. À Londres, après cette défaite, les partisans d'un traité de paix devinrent majoritaires.

Sous le règne de Louis XVI

Prise de la « bastille » (1789)

En juillet 1789, la Bastille, à l'est de Paris, était une ancienne forteresse transformée en prison d'État, plus ou moins abandonnée. À cette époque, par exemple, seulement sept prisonniers y étaient détenus. Le 14 juillet, une rumeur circula dans Paris selon laquelle le roi **Louis XVI** s'apprêtait à disperser par la force les députés réunis à Versailles pour réformer le gouvernement de la France et y introduire plus de justice. D'autres rumeurs laissèrent également entendre que des troupes étrangères étaient massées aux abords de Paris. Pour défendre la capitale, quelques milliers de personnes, en colère, se dirigèrent vers l'hôpital des Invalides où elles s'emparèrent de fusils, puis vers la Bastille, censée contenir de la poudre. Maladroitement commandée par le gouverneur Launay, la petite garnison de la forteresse fit feu sur des émeutiers grisés de leur audace. Ce fut le début de la fin pour la forteresse prise d'assaut par une foule ivre de colère. Tandis que la garnison était massacrée, la tête du gouverneur fut brandie au bout d'une pique. Ces violences, que le roi n'osa pas sanctionner, marquèrent le réel début de la révolution française. Dès le lendemain, des nobles prirent le chemin de l'exil. Un an plus tard, le 14 juillet 1790, la « Fête de la Fédération » scella, en apparence, la réconciliation du roi, des députés et du peuple. Ce moment de communion générale fut, en effet, de courte durée...

Sous le règne de Louis XVI

Journées « d'octobre » (1789)

À l'époque, l'opinion était inquiète du retard apporté par **Louis XVI** à la ratification des résolutions prises par l'assemblée dans la nuit du **4 août 1789.** D'autre part, l'annonce que deux régiments venaient de converger vers Versailles, résidence de la famille royale, semblait annoncer une réaction. Les rumeurs les plus folles allaient bon train, favorisées par la longueur des attentes aux portes des boulangeries. La disette était la cause essentielle de l'agitation des esprits, mais il semble établi que des meneurs, à la solde du duc d'Orléans, cherchèrent à exploiter le mécontentement populaire. Enfin, la nouvelle d'un banquet offert à Versailles aux régiments nouvellement arrivés, où la cocarde tricolore aurait été foulée aux pieds, suffit à mettre le feu aux poudres. Le 5 octobre, sept à huit mille personnes, des femmes essentiellement, se mirent en route pour Versailles dans l'intention de « chercher du pain ». Disposant de troupes, le roi aurait pu faire arrêter l'émeute. Sur le conseil de **Necker**, il laissa la foule bivouaquer devant le château. Au matin du 6, les émeutiers pénétrèrent jusque dans les appartements royaux. Pour apaiser la fureur des manifestants, **Louis XVI** accepta de rentrer à Paris avec sa famille *(« le boulanger, la boulangère et le petit mitron »).* Désormais le roi, plus ou moins tacitement prisonnier aux Tuileries, se retrouvait sous la surveillance vigilante et sourcilleuse du peuple parisien.

Sous le règne de Louis XVI

Fusillade du Champ-de-Mars (1791)

Après l'arrestation du roi **Louis XVI** à Varennes, en juin 1791, le club des Cordeliers adressa à l'Assemblée constituante une pétition réclamant (déjà) l'établissement de la République. L'Assemblée n'ayant pas donné suite, une nouvelle pétition demanda « le jugement du coupable (le roi) et l'organisation d'un nouveau pouvoir exécutif ». Elle fut déposée le 17 juillet par les « Cordeliers », au Champ-de-Mars, sur « l'autel de la Patrie », pour y recevoir des signatures. Deux quidams cachés sous l'autel (des espions ?) ayant été découverts, ils furent massacrés sur place. En réaction, le maire de Paris, **Bailly,** soutenu par la constituante, proclama la loi martiale. Il fit disperser le rassemblement par la garde nationale, commandée à l'époque par le marquis de **La Fayette**. La garde fut reçue à coups de pierres par les émeutiers. Elle riposta par une fusillade qui fit des dizaines de morts.

Suite à cet événement grave, la majorité de l'Assemblée décida de réprimer l'agitation républicaine qui semblait prendre de l'ampleur. Certains meneurs furent arrêtés, d'autres – tels Danton et Marat – durent s'enfuir ou se cacher. Cette fusillade fut considérée comme l'un des tournants de la Révolution française. Les réputations du marquis de **La Fayette** et du maire **Sylvain Bailly** ne se remirent jamais de cet épisode. La France commençait à se couper en deux.

<u>Sous le règne de Louis XVI</u>

<u>Massacre(s) de Septembre (1792)</u>

Les massacres de septembre, qui se déroulèrent surtout à Paris, du 2 au 6 septembre 1792 furent le dernier événement de guerre civile ayant lieu en France avant **l'abolition de la royauté** du 21 septembre 1792. Factuellement, des sections parisiennes, ivres de rage et excités de leur impunité, se ruèrent dans de nombreuses prisons pour en massacrer les détenus. Essentiellement des prêtres insermentés et des aristocrates. Les historiens décomptèrent 1 100 victimes à cette occasion. Quant aux causes de ce déchaînement de violence, elles furent multiples. Dès le 1er septembre 1792, le « dur » Marat avait fait afficher dans Paris des placards réclamant la justice « directe » par le peuple, afin de ne pas exposer les familles des patriotes partant pour les frontières aux intrigues des « traitres de l'intérieur ». De même, alors que les villes forteresses de l'Est étaient assiégées ou capitulaient (tel Verdun), ces massacres furent une réponse des « patriotes » craignant le succès de l'invasion austro-prussienne menaçant Paris. La peur de la répression sanglante annoncée par l'ennemi dès la fin juillet joua également un rôle. Enfin, ces bandes incontrôlées voulaient se venger des désertions opérées par les officiers nobles après la suspension et l'arrestation de **Louis XVI,** en août 1792. Danton, ministre de la Justice à l'époque, ne jugea pas utile, prudemment, d'intervenir immédiatement pour faire cesser ces dérives.

Sous le règne de Louis XVI

Valmy (1792)

La « première » victoire de l'armée révolutionnaire française eut lieu à Valmy, petite commune de la Marne. Après que l'armée austro-prussienne, commandée par le duc de Brunswick, se soit mise en marche, en juin 1792, cette dernière enregistra des succès dans l'Est du pays et envahit la Lorraine à la mi-août. L'armée de Brunswick décida de franchir la région accidentée de l'Argonne, entre Lorraine et Champagne, au-delà de laquelle il n'y avait plus d'obstacles naturels pour marcher sur Paris. Ce fut sur le plateau de Valmy, près d'un moulin, que le 20 septembre 1792, les armées révolutionnaires, commandées par les généraux Dumouriez et Kellermann décidèrent d'arrêter les Prussiens. 47 000 Français adossés au moulin firent bientôt face à 34 000 Prussiens. Ces derniers montèrent à l'assaut, mais durent presque aussitôt reculer sous le feu de 36 canons. Le duc de Brunswick parut déconcenancé par cette résistance et poursuivit la bataille avec mollesse. Après quatre heures de canonnade qui ne firent que quelques centaines de victimes, le duc de Brunswick, dont une partie des effectifs souffrait de dysenterie, n'insista pas et se replia, laissant la victoire aux Français, ce qui eut un fort retentissement dans l'Europe monarchique. Conscient de l'impact psychologique de cette victoire militaire, les « révolutionnaires » parisiens proclamèrent la (Première) République dès le lendemain 21 septembre 1792.

III) LES TRAITES SIGNIFICATIFS
(et autres évènements sensibles)

Sous le règne d'Henri IV

Édit de Nantes (1598)

L'Édit de Nantes signé, le 30 avril 1598, par **Henri IV** mit (globalement) fin à près de 40 ans de guerres de religion entre catholiques, pratiquant la foi officielle du royaume (90% de la population) et protestants, désireux de suivre les préceptes d'une foi « réformée ».

Cet acte législatif de plus de 150 articles dont certains étaient secrets put se mettre en place en raison de circonstances favorables. D'abord, **Henri IV** était lui-même un ancien huguenot qui n'avait abjuré la foi protestante que depuis 1594, ensuite l'opposition catholique était moins intransigeante depuis que les frères « Guise », chefs de la Ligue ultra catholique, étaient morts (Henri et Louis) ou retourné par le roi (**Charles de Mayenne**).

Enfin **Henri IV** préparait une paix avec l'Espagne et voulait se présenter à la tête d'un pays unifié.

Au plan pratique, cet acte législatif, totalement inédit en Europe, instituait un régime de « tolérance » d'une seconde foi dans tout le royaume, sauf à Paris et quelques villes moyennes, tandis que les protestants restaient maîtres d'une centaine de villes (dites places de sûreté).

Même si quelques parlements régionaux mirent un certain temps à entériner les conséquences juridiques et militaires de l'Édit, ce texte pacifia le royaume pendant de nombreuses décennies avant que **Louis XIV** ne le révoque (maladroitement) en 1685.

<u>Sous le règne d'Henri IV</u>

<u>Traité de Vervins (1598)</u>

La paix de Vervins (petite commune picarde) fut signée le 2 mai 1598, entre les rois **Henri IV** de France et Philippe II d'Espagne.

Ce traité de paix mettait ainsi fin au conflit franco-espagnol, engagé, en 1588, lorsque les Espagnols catholiques se mirent logiquement du côté des ligueurs français contre Henri de Navarre, à la fois prétendant au trône de France et chef protestant.

Par la suite, lorsque Henri, devenu roi, revint à la religion catholique, en 1593 *(« Paris vaut bien une messe ! »)* le conflit se perpétua pour des raisons classiques de luttes territoriales.

Globalement, ce traité fut plutôt à l'avantage des Français.

Les Espagnols, ayant été vaincus en Bourgogne, à **Fontaine-Française**, en 1595, et n'ayant pu s'imposer ni dans le nord du royaume ni en Bretagne ne conservèrent que Cambrai.

En apparence, ce traité permit donc aux deux pays de revenir aux clauses du précédent traité franco-espagnol, signé à Cateau-Cambrésis en 1559.

En réalité, Vervins consacra surtout l'épuisement des deux pays à se faire la guerre depuis quarante ans sans autre conséquence que de vider leurs caisses. Pour **Henri IV** (et **Sully**) après la proclamation de l'**Édit de Nantes**, qui mit fin à des décennies de guerre civile dans le royaume, la paix de Vervins permit aux protagonistes de se consacrer enfin à la restauration économique de leurs pays respectifs.

<u>Sous le règne d'Henri IV</u>

Traité de Lyon (1601)

En 1588, le duché de Savoie était un territoire indépendant du royaume de France.

Son seigneur, l'ambitieux duc de Savoie, **Charles-Emmanuel Ier**, voulut profiter des difficultés d'**Henri IV** au début de son règne pour mener une politique agressive dans le sud-est du royaume.

Il commença par annexer d'autorité le marquisat de Saluces, enclave française conquise, en 1548, par le roi Henri II, puis chercha à s'emparer de la Provence, voire des villes de Marseille et de Lyon.

Après qu'**Henri IV** eut enfin imposé sa légitimité en France, en 1593, et qu'il eut fait la paix avec l'Espagne, en 1598, il tenta d'abord de négocier pacifiquement avec **Charles-Emmanuel**, mais devant sa mauvaise volonté, entreprit, en 1600, une campagne militaire victorieuse.

Après que les troupes françaises eurent occupé les vallées de la Maurienne, de la Tarentaise et du Beaufortain, le **duc de Savoie**, acculé, dut signer avec **Henri IV** le traité de Lyon, en janvier 1601, qui mit fin au conflit.

À l'issue de ce traité avantageux, la France récupéra la Bresse, le Bugey, le pays de Gex et le pays de Valromey (formant aujourd'hui le département de l'Ain) en échange du seul petit marquisat de Saluces, de nos jours possession italienne, dans le Piémont.

<u>Sous le règne de Louis XIII</u>

<u>Traité de Fontainebleau (1611)</u>

Tout de suite après l'assassinat d'**Henri IV**, la régente **Marie de Médicis** s'empressa de faire la paix avec Philippe III d'Espagne, dans une grand-messe des partisans de la religion catholique.

En avril 1611 fut donc signé le traité de Fontainebleau entre ces deux royaumes, ayant pour objectif d'établir une alliance défensive franco-espagnole valable dix ans, au détriment notamment de l'alliance savoyarde.

Ce traité prévoyait également (à terme) la double union de **Louis XIII** avec l'infante d'Espagne **Anne d'Autriche** et celle d'Élisabeth de France avec le futur Philippe IV.

Les cérémonies officielles furent retardées en raison à la fois de l'hostilité de certains grands princes (**Henri de Condé** et Soissons notamment) présents au conseil de régence et de la mauvaise volonté du jeune **Louis XIII**, qui emboitait le pas de son père sur sa défiance envers les Espagnols.

Malgré tout, les mariages eurent lieu. Cela se passa en deux temps. Les deux princesses furent échangées le 9 novembre 1615, sur l'île des Faisans, située sur la Bidassoa. Le mariage entre **Louis XIII** et **Anne d'Autriche** (14 ans tous les deux) fut célébré à Bordeaux, le 28 novembre 1615.

Mais s'il passa bien la nuit avec **Anne d'Autriche**, **Louis XIII** ne consomma pas tout de suite cette union. Il n'eut d'ailleurs aucun contact physique avec elle durant quatre ans…

<u>Sous le règne de Louis XIII</u>

Paix de Montpellier (1622)

Un traité de paix fut signé, en octobre 1622, à Montpellier entre **Louis XIII** et le **duc de Rohan**, chef des forces huguenotes. Il s'agissait de mettre un terme à leurs dernières rébellions dans la région. Ce traité, signé après l'impasse du siège de Montpellier, mit fin à la première révolte huguenote contre **Louis XIII**. Il fut assez avantageux pour le roi.

En échange du gouvernement du Poitou, **Henri de Rohan** recevait ceux de Nîmes et d'Uzès et 600 000 £ tournois. Ce traité renouvelait également les dispositions de **l'Édit de Nantes**, donc l'égalité des cultes continuait d'être reconnue.

Mais les protestants ne gardaient plus comme places de sûreté que La Rochelle et Montauban. Par ailleurs, ils devaient raser les fortifications de leurs autres cités alors qu'une garnison royale devait rester sur place pour s'en assurer. En outre, les assemblées générales, les cercles et synodes leur étaient désormais interdits.

Sans surprise, cette paix ne dura que peu de temps (deux ans), car ni le roi ni les huguenots n'étaient prêts à en respecter les termes. Le frère de **Rohan**, Benjamin de Rohan seigneur de Soubise, attaqua une flotte royale dans la bataille du Blavet dès janvier 1625. Mais c'est du côté de La Rochelle, à compter de 1627, qu'une dernière explication d'envergure eut lieu entre forces royalistes et protestantes, au détriment final de ces dernières.

Sous le règne de Louis XIII

Édit d'Alès (1629)

Sous l'influence du **cardinal de Richelieu**, favorable à l'instauration progressive d'une monarchie absolue, **Louis XIII** fit le nécessaire pour récupérer par la force, entre 1628 et 1629, les deux dernières places de sûreté que détenaient encore les protestants, La Rochelle et Alès.
Fin mai 1629, le roi frappa un grand coup avec la prise de Privas, qui fut pillée et vidée de ses habitants. Ce terrible exemple incita les autres villes du Languedoc à renoncer à la lutte.
Après qu'Alès se soit ainsi rendue aux troupes royales, **Louis XIII** fit publier, fin juin 1629, l'édit de « grâce » d'Alès, par lequel il obligeait les protestants du royaume à renoncer à leurs dernières fortifications (38 d'entre elles devaient être démantelées). En outre, l'édit d'Alès supprima le privilège des assemblées civiles, c'est-à-dire le droit de tenir des assemblées politiques. Concrètement, cela signifiait la fin du parti huguenot.
En contrepartie, ce texte confirmait la tolérance de culte établie par **l'édit de Nantes**, tout en restaurant la liberté de conscience des catholiques dans les territoires jusque-là réservés au culte protestant. En clair **Louis XIII** accordait aux protestants la « grâce » de continuer de pratiquer leur foi notamment dans les villes favorables à la « réforme » tout en conservant l'égalité civique face aux catholiques. Dans les faits, cette paix traduisit bien un retour à la suprématie du catholicisme, un point qui sera confirmé quelques décennies plus tard, en 1685, sous **Louis XIV**.

Sous le règne de Louis XIII

Traité de Ratisbonne (1630)

Ce traité signé en octobre 1630 entre la France et les Habsbourg fut un grand malentendu. Nous étions alors en pleine guerre de « Trente ans ». Ce conflit, très dur et meurtrier, opposa le camp des Habsbourg d'Espagne et du Saint-Empire aux États allemands protestants du Saint-Empire, auxquels s'étaient alliées les puissances européennes voisines à majorité protestante (Provinces-Unies et pays scandinaves). La France, bien qu'à forte majorité catholique, pratiquait une guerre « couverte » consistant à aider financièrement les pays belligérants opposés au Saint-Empire et notamment la Suède. Sur place, l'envoyé de **Richelieu** crut bien faire en signant un traité d'alliance avec l'empereur d'Allemagne Ferdinand II. Par ce document, la France s'engageait à ne pas aider les ennemis de l'empereur Ferdinand et réciproquement. L'action de la France en Allemagne se trouvait donc paralysée. En lisant ce texte, **Richelieu** fut furieux, en pensant notamment à la Suède Il est vrai aussi qu'avec cet accord, les impériaux s'engageaient en contrepartie à évacuer Mantoue qu'ils occupaient. D'autres décisions furent actées. L'évacuation des Grisons et de la Valteline par les Autrichiens, celle du Piémont par les Français ainsi que la cession de Mantoue et du Montferrat au duc Charles Ier de Nevers. Tous ces mouvements, prévus à Ratisbonne, furent confirmés à Cherasco, par un traité signé, en avril 1631. Plus tard, par le traité de Compiègne, signé en 1635, la France s'engagera bien à aider financièrement la Suède dans son combat contre les impériaux.

Sous le règne de Louis XIV

Traités de Westphalie (1648)

Ces traités signés en octobre 1648 en Westphalie (région du centre-ouest de l'Allemagne) mirent fin au premier grand conflit européen, terriblement meurtrier (5 millions de morts militaires et civils) en territoires allemands, que l'on appela la guerre de Trente Ans. Ce conflit fut lancé, en 1618, par la non-reconnaissance par la diète (l'Assemblée allemande) du catholique Ferdinand II de Habsbourg comme successeur du dernier empereur d'Allemagne, et la désignation à sa place d'un calviniste. Par le jeu des alliances entre d'un côté les pays catholiques de la région, soutenus par la puissante Espagne, et de l'autre les pays protestants, appuyés par le Danemark, la Suède et la France (pourtant catholique) à compter de 1635, ce fut toute l'Europe qui s'embrasa durant trente ans. En octobre 1648, les traités signés garantirent aux princes allemands la liberté de religion dans leurs états respectifs et consacrèrent le déclin de la puissance Habsbourg en Allemagne, émiettée désormais en 350 principautés.

Ces textes permirent la reconnaissance définitive de l'indépendance suisse et des Provinces-Unies. Quant à la France, les accords lui confirmèrent la souveraineté des trois évêchés (Metz, Toul et Verdun) sous contrôle depuis Henri II. Elle récupéra également la majeure partie de l'Alsace, sans Strasbourg toutefois. Ces traités ouvrirent en Europe centrale un vide politique favorable à la prépondérance française, expliquant pourquoi la lutte se poursuivit entre **Louis XIV** et les Habsbourg de Madrid, jusqu'en 1659.

Sous le règne de Louis XIV

Paix de Rueil (1649)

La période de régence, qui suivit la mort de **Louis XIII**, fut particulièrement chaotique et entraîna divers troubles liés aux souhaits des grands seigneurs d'épée et de robe de retrouver (après la gestion implacable de **Richelieu**) nombre de leurs prérogatives. Les troubles associés à la noblesse de robe furent particulièrement aigus entre 1648 et 1649, ceux concernant la noblesse d'épée prirent le relais à compter de 1650. Les « exigences » des parlementaires portaient sur la possibilité accrue d'accroître leur indépendance vis-à-vis du pouvoir royal. Pour favoriser leur **« fronde »,** ils s'appuyèrent sur le soutien armé de milices urbaines, à leur solde. Lasse de ces guérillas internes, **Anne d'Autriche** accepta de signer le 11 mars 1649, à Rueil, un compromis mettant fin à la **fronde des parlementaires.**

Négocié par le président du parlement de Paris, Mathieu Molé, ces derniers obtinrent, entre autres, l'amnistie pour ceux des leurs menacés par la justice et l'interdiction de multiplier de nouveaux achats d'offices, garantissant ainsi la valeur de ceux existants. En échange, le Parlement annula l'arrêté d'expulsion de **Mazarin** et s'engagea à renoncer à s'imposer comme un contre-pouvoir indépendant. La paix de Rueil ne fut en réalité qu'un compromis provisoire qui mit fin à la **Fronde parlementaire**, bloquant tout depuis 1648. **Anne d'Autriche** et **Mazarin** n'attendirent qu'une occasion plus favorable pour revenir sur ces concessions jugées trop importantes.

Sous le règne de Louis XIV

Traité de Paris (1657)

Avec l'objectif final de contraindre l'Espagne à terminer la guerre, **Mazarin**, revenu en France, fut à l'origine de la signature en mars 1657 du traité de Paris. Par cette signature, l'Angleterre du lord protecteur (chef du gouvernement) Oliver Cromwell, qui avait déposé Charles Ier d'Angleterre, en 1649, et la France de **Louis XIV** s'allièrent militairement contre l'Espagne. Il s'agissait de mutualiser les armées des deux alliés pour conquérir les places fortes tenues en Flandre par les Espagnols, Dunkerque, Gravelines et Mardyck. Étant entendu qu'en cas de succès, Dunkerque et Mardyck seraient cédés à l'Angleterre et Gravelines reviendrait à la France. En mai 1658, **Turenne** mit le siège devant Dunkerque. **Condé**, passé dans le camp espagnol depuis la fin de **la fronde des princes**, en 1653, tenta alors de dégager cette grande cité maritime. Mais il fut battu aux **Dunes**, en juin 1658, par un **Turenne** impérial. En août, ce dernier continua d'enregistrer des succès. Il s'empara de Gravelines, puis d'Audenarde et d'Ypres menaçant Gand et Bruxelles. La Flandre fut alors entièrement conquise par la France. La mort de Cromwell, en 1658, entraîna par ailleurs l'Angleterre dans une tourmente politique qui se termina par le retour des Stuarts sur le trône d'Angleterre. Après la restauration de Charles II, qui voulait la paix, la guerre anglo-espagnole prit fin en septembre 1660. Charles II vendit Dunkerque à **Louis XIV**, en novembre 1662, pour cinq millions de livres. Quant à la guerre entre la France et l'Espagne, elle se termina (enfin) avec la signature du **traité des Pyrénées**, en novembre 1659.

Sous le règne de Louis XIV

Traité des Pyrénées (1659)

Signé par **Mazarin** et Don Luis de Haro, respectivement Premiers ministres de **Louis XIV** et de Philippe IV d'Espagne, le traité des Pyrénées mit fin au conflit opposant ces deux puissantes monarchies, depuis 1635. Il mit également fin à la prépondérance des Habsbourg d'Espagne et d'Allemagne au profit de la France.
Ce traité fut la dernière œuvre du cardinal **Mazarin**. Il prévoyait le mariage du jeune roi de France (21 ans) avec l'infante Marie-Thérèse d'Espagne, fille du roi d'Espagne. En guise de dot, l'Espagne apportait à la France le Roussillon, la Cerdagne, l'Artois et plusieurs places fortes de Flandre. De son côté, la France devait évacuer la Lorraine et certains territoires du **duc de Savoie**.
Dans ce traité Philippe IV tint à y faire inclure la restitution au « **grand Condé** » (qui s'était mis au service de l'Espagne, en 1652) de ses titres et de ses biens. Quant à Marie-Thérèse elle renonça pour elle et ses descendants à ses droits sur la couronne d'Espagne «moyennant» le paiement d'une dot de 500 000 écus. Or, le rusé **Mazarin** anticipa que l'Espagne ne paierait jamais cette somme. De fait, quelques années plus tard, **Louis XIV** prendra prétexte de cet impayé pour revendiquer certains droits sur la **succession espagnole**. Ainsi naquit la **guerre de « dévolution »,** ainsi nommée d'après une coutume brabançonne de droit privé. Au terme du **traité des Pyrénées** et des **traités de Westphalie** signés onze ans plus tôt, la France de **Louis XIV** s'affirma (pour un temps) comme la première puissance européenne, par son armée, ses territoires, sa démographie et son rayonnement culturel.

<u>Sous le règne de Louis XIV</u>

<u>Traité d'Aix-la-Chapelle (1668)</u>

Le traité d'Aix-la-Chapelle signé, en mai 1668, entre la France de **Louis XIV** et l'Espagne mit fin à la **guerre dite de « Dévolution ».** Ce fut la première guerre à part entière du jeune roi de France, désormais régnant seul sans l'aide d'un Premier ministre comme l'avait été le cardinal **Mazarin**.

On a souvent considéré que cette guerre avait été motivée par des arguments juridiques fallacieux. De fait, quand Philippe IV mourut, en 1665, l'Espagne porta logiquement sur le trône Charles II, fils du défunt roi d'Espagne, mais **Louis XIV**, au motif d'un droit coutumier local, réclama le Brabant (et en réalité la quasi-totalité des Pays-Bas espagnols) au nom de son épouse, Marie-Thérèse, fille d'un premier lit de Philippe IV.

Sur le terrain, les armées de **Louis XIV**, commandées par **Turenne** au Nord et **Condé** au nord-Est, vainquirent assez aisément les Espagnols. Suite à cette démonstration de force, d'autres pays, inquiets, s'avancèrent pour menacer la France (réunis dans une « Triple Alliance » composée de l'Angleterre, des Provinces-Unies et de la Suède). **Louis XIV** préféra à l'époque en rester là.

La France récupéra douze places fortes (dont Lille, Douai et Charleroi) qui permit par la suite à **Vauban** de sanctuariser la frontière nord du royaume. La France dut rendre aux Espagnols la Franche-Comté dont les places fortes furent en revanche démantelées. Cette paix en réalité ne fut qu'une trêve. **Louis XIV** songeant déjà à châtier les Hollandais, qui entreront alors dans l'alliance précitée devenue ainsi la « Quadruple Alliance ».

Sous le règne de Louis XIV

Traités de Nimègue (1678)

Ensemble, ces traités mirent fin à la **guerre de Hollande** qui dura de 1674 à 1678. Ils ont été négociés en grande partie dans le cadre du congrès de Nimègue, ouvert dès juin 1676 et clôturé en février 1679.

Depuis quelques années la France et les Provinces-Unies se faisaient une guerre douanière sans merci qui tournait le plus souvent à l'avantage des derniers nommés. **Colbert** convainquit le roi de France de s'engager militairement pour retourner la situation. **Louis XIV** n'hésita pas, préalablement au conflit, à acheter les alliances de l'Angleterre et de la Suède et la neutralité initiale du Saint-Empire. Après de nombreuses batailles et d'incessants retournements d'alliances, les traités de paix de Nimègue furent signés en août (avec les Provinces-Unies) et en septembre 1678, (avec l'Espagne) pour solder les conséquences des positions gagnées et perdues sur les champs de bataille.

Le premier traité entre la France et les Provinces-Unies permit aux Néerlandais de conserver l'intégralité de leur territoire et imposa à la France l'abrogation du tarif douanier prohibitif avec les Provinces-Unies, institué par **Colbert,** en 1667.

Le grand perdant fut l'Espagne qui céda à la France la Franche-Comté, l'Artois et de nombreuses places des Pays-Bas restées jusque là espagnoles. La frontière nord de la France était désormais lissée, comprenant moins d'enclaves. Et la Franche-Comté obtenue reliait enfin la France à la Haute-Alsace.

Sous le règne de Louis XIV

Trêve de Ratisbonne (1684)

La trêve de Ratisbonne fut un accord signé, en 1684 entre le roi de France et l'empereur d'Allemagne Léopold Ier.
Dès la fin de la **guerre de Hollande**, **Louis XIV** se lança dans une politique dite des « **Réunions** ».
S'étant penchés sur leurs archives et les différents traités de paix, quelques parlementaires locaux s'aperçurent qu'un certain nombre de territoires leur appartenant de droit ne faisait plus partie de leur ressort. Ils s'en plaignirent auprès du roi qui leur donna raison.
Louis XIV s'empara de force des villes et des forteresses concernées qu'il considérait lui appartenir sachant qu'à l'époque l'Espagne était impuissante militairement et l'empereur paralysé à l'Est par l'avancée ottomane.
Louis XIV annexa ainsi Strasbourg, en 1681, puis s'empara de Courtrai en 1683 et d'autres villes des Pays-Bas espagnols ou du Saint-Empire. Concernant la place de Luxembourg, celle-ci fut non seulement annexée mais également prise en main immédiatement par **Vauban** qui la fortifia.
Tout à sa lutte contre les Ottomans, l'empereur Léopold Ier, par la trêve de Ratisbonne d'août 1684, reconnut temporairement les acquisitions de **Louis XIV** en Alsace et dans la Sarre. L'Espagne, isolée, en fit de même pour les acquisitions situées dans les Pays-Bas espagnols. Ces « **réunions** » de territoires furent conclues pour une durée de vingt ans, mais chacune des parties ne comptait pas en rester là. Et de fait, concernant la place forte de Luxembourg, celle-ci fut rendue aux impériaux, en 1697, au **traité de Ryswick**.

Sous le règne de Louis XIV

Code Noir (1685)

Tard venu dans l'expansion outre-mer, la France devint, sous **Louis XIV**, une véritable puissance coloniale. Ainsi, l'émigration vers le Canada fut encouragée afin de développer la traite des fourrures avec les Indiens. L'exploration et l'expansion coloniale s'enfonça par la suite vers la baie d'Hudson, les grands Lacs, le sud et la vallée du Mississipi avec notamment les voyages de **Cavelier de la Salle**. Au début du XVIIIème siècle, la France fonda également dans le delta du Mississipi une petite colonie qui porta le nom du roi, la Louisiane. Mais cette expansion provoqua des tensions de plus en plus vives avec les treize colonies anglaises d'Amérique. La France fut également présente dans les Antilles, notamment à la Martinique, en Guadeloupe et dans la partie occidentale de Saint-Domaingue (futur Haïti) qui devint française, en 1697. Le développement des plantations sucrières, de la traite négrière et de la contrebande avec les colonies espagnoles commença à faire la richesse des ports français de l'Atlantique, Nantes et Bordeaux notamment. Un « Code noir » rassembla alors toutes les dispositions réglant la vie des esclaves dans les colonies françaises des Antilles et de la Guyane. Ce code fut calqué sur les pratiques esclavagistes espagnoles en Amérique. Concernant les explorations vers l'océan Indien, les compagnies à monopole, voulues par **Colbert,** furent un échec pour les Indes occidentales et un demi-succès pour les Indes orientales, où s'ouvrirent les comptoirs français de Pondichéry et de Chandernagor.

Sous le règne de Louis XIV

Édit de Fontainebleau (1685)

L'Édit de Fontainebleau, signé par **Louis XIV** en octobre 1685, fut un texte funeste à la fois pour les protestants mais aussi et surtout pour le royaume de France lui-même. Il est probable que l'entourage immédiat de **Louis XIV** (**Madame de Maintenon** et le père La Chaize notamment) joua un rôle non négligeable dans cette fâcheuse décision.

Non seulement ce document révoqua **l'Édit de Nantes** de 1598, qui avait mis fin aux guerres sanglantes de religion à la fin du XVIème siècle, mais de plus ce texte eut pour objectif d'extirper définitivement l'hérésie protestante du royaume. De fait, la pratique du culte réformé devint tout simplement interdite. Les temples furent détruits, tous les enfants à naître ne purent être baptisés que dans la foi catholique.

Étant donné la puissance considérable de l'absolutisme royal à l'époque de **Louis XIV**, symbolisée par les exactions des « dragonnades » à l'encontre des populations du sud et de l'ouest du royaume, les protestants ne purent s'opposer sérieusement à l'Édit de Fontainebleau. En revanche, une élite d'entre eux (estimée à trois cent mille « religionnaires ») n'hésita pas à émigrer dans les différents pays où le calvinisme était la religion d'État, notamment en Allemagne, en Suisse et dans les Provinces-Unies. Ce fut donc une perte sèche pesant sur les capacités économiques du royaume de France. **Louis XIV** s'aperçut, hélas, bien trop tard des conséquences de cet édit qui provoqua une hémorragie démographique et surtout industrieuse.

Sous le règne de Louis XIV

Traités de Ryswick (1697)

Deux traités clôturèrent la **guerre de la Ligue d'Augsbourg**. Ils furent signés (dans une ville hollandaise) en septembre 1697 entre la France, les Provinces-Unies, l'Angleterre et l'Espagne et en octobre entre la France et l'empereur Léopold Ier. Objectivement ces deux traités donnèrent un coup d'arrêt à l'expansion de la France sous le règne de **Louis XIV.**

Dans le cadre du premier traité, désirant amadouer l'Espagne dont la **succession** se profilait, le roi de France restitua toutes les conquêtes qu'il avait faites depuis le **traité de Nimègue** (1678), y compris Luxembourg, mais à l'exclusion de Strasbourg.

Il concéda également aux Provinces-Unies le droit d'installer des garnisons dans plusieurs places fortes belges pour surveiller la frontière française. Et il dut reconnaître Guillaume III d'Orange (un calviniste) comme roi d'Angleterre.

Dans le cadre du second traité, **Louis XIV** abandonna les têtes de pont conquises sur la rive droite du Rhin, mais annexa la plus grande partie de l'Alsace à l'exception de plusieurs places fortes. Au terme d'une guerre dure mais malgré tout plutôt victorieuse, cette paix fut incomprise en France. *« Je la tiens pour plus infâme que celle de Cateau-Cambrésis »*, aurait déclaré **Vauban.**

De l'autre côté de l'Atlantique, l'Espagne dut reconnaître l'occupation par la France de l'ouest de Saint-Domingue, île située dans les Antilles. Cela permit à la France de devenir le premier producteur mondial de sucre, dès les années 1740. Le sucre étant à l'époque une denrée fort chère et exportable.

Sous le règne de Louis XIV

Traités d'Utrecht (1713)

En avril 1713, après quatorze mois de négociations pénibles entrecoupées de rebondissements militaires, les pays engagés (la France, l'Espagne, la Hollande, l'Angleterre, le Portugal et la Savoie) signèrent à Utrecht les traités qui mirent fin à la guerre de **la succession d'Espagne,** née de la décision de Charles II d'Espagne de léguer son royaume à un petit-fils de **Louis XIV**, un Bourbon... Après de nombreux et sévères revers militaires initiaux, la France écarta in extremis un danger d'invasion grâce à la victoire du vieux maréchal **Villars,** à **Denain.**
Louis XIV, lui-même en fin de vie, put enfin négocier la paix dans des conditions un peu plus honorables. La signature des traités donna lieu à une vaste redistribution des cartes en Europe. Concernant celui qui intéressait directement la France, il consacra l'effacement européen des Provinces-Unies espagnoles. Il inaugura parallèlement l'ascension de l'Angleterre, devenue protestante, à la tête désormais d'un Empire colonial puissant et dominateur. Par ce traité, **Louis XIV** obtint cependant que son petit-fils, devenu **Philippe V**, en 1700, soit définitivement reconnu comme roi d'Espagne et qu'il conserve l'Amérique espagnole. **Louis XIV** obtint également que les frontières de la France demeurent ce qu'elles étaient en 1700, à la veille des hostilités. Mais les puissances signataires lui imposèrent la renonciation de **Philippe V** à tous ses droits à la couronne de France, faisant ainsi obstacle à la réunion potentielle des monarchies françaises et espagnoles.

Sous le règne de Louis XIV

Bulle Unigenitus (1713)

Le jansénisme fut un mouvement religieux catholique « strict » qui se développa au XVIIe siècle, en France. Il proposait de revenir aux idées de Saint-Augustin sur la grâce divine permettant de sauver l'âme des pécheurs. Les Jansénistes s'opposèrent notamment aux Jésuites qu'ils accusaient d'être trop indulgents avec les pécheurs. Le père de ce mouvement fut l'évêque d'Ypres, Cornelius Jansen, auteur de « L'Augustinus », un texte publié en 1640. Dans cet ouvrage, Jansen mettait en cause la tradition catholique, réaffirmée par le concile de Trente. Il professait notamment des idées sur la grâce divine et la prédestination, qui paraissaient assez proches des idées de Calvin. De plus, d'après Jansen, le sacrifice de Jésus, sur la croix, fut accompli pour ne sauver que quelques « élus ». L'homme devait donc vivre dans la crainte permanente de la décision de Dieu. Ces idées très sévères, s'accompagnant d'une morale et d'une vie strictes, apparurent trop difficiles à admettre pour une grande partie des catholiques. La bulle « Unigenitus » publiée par le pape Clément III dénonça clairement le jansénisme. Elle visait plus particulièrement l'oratorien Pasquier Quesnel et condamnait comme fausses et hérétiques ses propositions. Mais loin de mettre fin aux divisions de l'Église, cette bulle provoqua la coalition, voire la fusion de plusieurs oppositions : gallicane, richériste et janséniste. Face au refus du parlement de Paris de l'enregistrer et aux réticences de certains évêques, **Louis XIV** chercha alors à l'imposer par la force, sans succès cependant.

Sous le règne de Louis XIV

Traité de Rastatt (1714)

Après la signature, en 1713, du **traité d'Utrecht**, l'empereur d'Allemagne, Charles VI, qui avait refusé d'entrer dans les négociations, continua seul la guerre contre la France. Le **maréchal de Villars** s'étant mis en marche vers le Rhin s'empara de Landau, de Spire, de Worms et de tous les pays alentour. Il força les lignes du prince Eugène dans le Brisgaw, assiégea et prit Fribourg, la capitale de l'Autriche « antérieure ». L'empereur comprit alors que sans l'Angleterre et la Hollande, il ne pourrait gagner et il se résolut trop tard à la paix.

Le traité de Rastatt (ville allemande située dans le land de Bade-Wurtemberg) fut donc le dernier document (rédigé en français) qui mit un terme définitif à la guerre de **la succession d'Espagne**, commencée 14 ans ans plus tôt ! Négocié par le **maréchal de Villars** et le Prince Eugène de Savoie, pour le compte de l'archiduché d'Autriche, ce traité, signé en mars 1714, laissa à **Louis XIV** l'Alsace avec Strasbourg et Landau (dans le Palatinat). En contrepartie, la France dut restituer les places qu'elle tenait sur la rive droite du Rhin. L'empereur Charles VI accepta également de rétablir les princes allemands, alliés de **Louis XIV,** dans leurs états et dignités. Mais il obtint Naples, le Milanais, les « présides » de Toscane (petites enclaves territoriales) et les Pays-Bas espagnols. En outre, Charles VI garda la Sardaigne, que **le traité d'Utrecht** avait pourtant promis à l'Électeur de Bavière.

Sous le règne de Louis XV

Système de Law (1716-1720)

Au lendemain de la mort de **Louis XIV** le régent se trouva face à de grandes difficultés financières. La dette dépassait 3,5 milliards de livres (dix ans de recettes fiscales), et le rendement insuffisant des impôts aggravait le déficit. Pour y faire face, **le régent** fit confiance à un banquier écossais - John Law – qui lui proposa de stimuler l'économie par l'accroissement de la circulation monétaire sous forme de billets de banque. Le principe était le suivant : une banque recevait le privilège de l'émission de ces billets, garantis par le dépôt de numéraires. Elle accordait des facilités aux commerçants et pouvait s'associer à l'État en recevant les revenus du Trésor. Les investisseurs avaient la possibilité de souscrire les actions de la banque en billets d'État, ce qui devait réduire la dette du Trésor, car celui-ci pouvait rembourser ses créanciers en billets. La banque « Law » fut ainsi créée en 1716. Tout d'abord, une immense activité s'observa rue Quincampoix, où la banque s'était établie. Des fortunes s'édifièrent en quelques semaines. Mais devenue banque d'État, celle-ci spécula sur le commerce des colonies en Amérique, spéculations rapidement incontrôlables. La banque procéda alors à une émission excessive de billets. En 1720, la méfiance apparue puis ce fut la panique. Incapable de faire face à ses engagements, la banque dut fermer et Law fut obligé de fuir à l'étranger. Les conséquences de la faillite du "système Law" furent fâcheuses. Si le grand commerce colonial reçut une impulsion notable, les Français éprouvèrent désormais une très grande méfiance à l'égard des billets de banque.

Sous le règne de Louis XV

Pactes de famille (1733 ➔ 1761)

Lorsque, en 1700, le petit-fils de **Louis XIV** devint roi d'Espagne sous le nom de **Philippe V**, un trône validé à **Utrecht,** en 1713, la dynastie des « Bourbons » se retrouva à la tête des deux plus grandes monarchies européennes. Ce ne fut pas sans conséquence dans les trois grands conflits militaires observés sous le règne de **Louis XV**. Dans deux États italiens (le duché de Parme et le royaume des Deux-Siciles) régnaient également des familles issues historiquement de « Bourbons ». Le premier des conflits précités fut la **guerre de succession de Pologne** qui vit la mise en oeuvre du Ier pacte de famille signé, en novembre 1733, au palais de l'Escurial. Moyennant son appui militaire contre l'Autriche, l'Espagne reçut l'assurance de la France de récupérer Naples et la Sicile que détenait l'Empereur. Le second traité de l'Escurial fut signé durant la **guerre de succession d'Autriche**, en octobre 1743, afin de contrer l'Angleterre, allié à l'Autriche, et d'aider l'Espagne à récupérer Gibraltar. Le troisième pacte fut signé en août 1761, en pleine **guerre de Sept Ans**, à l'instigation du **duc de Choiseul**, entre le roi de France, le roi d'Espagne et le duc de Parme. Ce traité avait pour but de contrer par l'union des forces françaises, espagnoles et italiennes, la supériorité présumée de la marine anglaise. L'objectif de ce pacte de famille était également que chacun des membres aide au maintien de l'intégrité de leurs états et ne conclut pas de paix séparée. Ce traité n'eut pas tous les résultats espérés, car le roi des Deux-Siciles refusa d'y souscrire

Sous le règne de Louis XV

Traité de Vienne (1738)

Des préliminaires de paix furent signés à Vienne, dès novembre 1735, entre la France de **Louis XV** et l'empereur Charles VI, chef de la maison des Habsbourg. **Louis XV** avait reconnu alors « la pragmatique sanction », par laquelle, en 1713, Charles VI avait établi qu'en l'absence d'un fils, le patrimoine des Habsbourg reviendrait à sa fille aînée. En 1736, celle-ci, l'archiduchesse Marie-Thérèse, épousa François III de Lorraine.
En mai 1738 fut signé le traité de Vienne qui mit fin à la **guerre de succession de Pologne.** Ce conflit était né cinq ans plus tôt à la mort de l'Électeur de Saxe, Auguste II, roi de Pologne. Deux prétendants s'étaient affrontés, Stanislas Leszczynski, roi élu en 1733, obligé de se réfugier en France, dès 1734, et Auguste III, le fils du roi précédent, soutenu à la fois par l'empereur du Saint-Empire, l'Autriche et la Russie. La France, quant à elle, s'allia à l'Espagne (**pacte de famille** de 1733) et à la Sardaigne tandis que la Bavière et la Savoie soutinrent Stanislas. À l'issue de combats qui durèrent jusqu'en 1735 et qui mirent aux prises ces deux coalitions européennes, un vaste échange de royaumes eut lieu à compter d'octobre 1735 et se prolongea jusqu'au traité de Vienne de 1738. À cette date, la France reconnut Auguste III comme roi de Pologne en échange des duchés de Lorraine et de Bar revenant à Stanislas de son vivant et à la France à sa mort. En contrepartie, François de Lorraine, époux de Marie-Thérèse d'Autriche, perdit son duché, mais reçut Parme, Plaisance et la Toscane.

<u>Sous le règne de Louis XV</u>

<u>Traité d'Aix-la-Chapelle (1748)</u>

La **guerre de succession d'Autriche** (1741-1748) se termina sur un relatif succès des armées françaises. Des pourparlers de paix eurent lieu à Aix-la-Chapelle, en octobre 1748. Bien que la France soit en mesure d'annexer les Pays-Bas autrichiens, celle-ci n'exigea rien. **Louis XV** partit de l'idée que les peuples étaient désormais porteurs d'une conscience nationale et qu'il n'était pas forcément utile de rompre certains équilibres, à l'origine de conflits futurs. La France restitua donc à l'Autriche les territoires conquis aux Pays-Bas ainsi que la Savoie et le comté de Nice. Elle reconnut également à l'époux de Marie-Thérèse de Habsbourg, François I^e de Habsbourg-Lorraine le droit à la couronne impériale. À la demande de l'Angleterre, elle promit même d'abattre les fortifications de Dunkerque. D'autres protagonistes furent moins délicats. Le roi de Prusse, Frédéric II, annexa la Silésie qui appartenait pourtant à la Bavière. Ce fut une « première » lourde de conséquences. Elle se renouvellera plus tard avec le dépeçage de la Pologne par ses voisins. Frédéric II apparut donc comme le seul gagnant de la guerre, illustrant les rapides progrès accomplis par ce pays depuis sa transformation en royaume, en 1701. Au terme de la **guerre de succession d'Autriche**, l'opinion française éclairée fut très remontée contre **Louis XV** et son gouvernement. Elle lui reprocha de n'avoir pas su exploiter les succès de ses armées. Du résultat du traité d'Aix-la-Chapelle naquit la célèbre *expression « travailler pour le roi de Prusse »*...

Sous le règne de Louis XV

L'Encyclopédie (1751)

En juillet 1751 parut le premier volume de l'Encyclopédie. Ce fut l'homme de lettres, Denis Diderot, qui eut l'idée de proposer un tableau général des efforts de l'esprit humain dans tous les genres et au cours de tous les siècles. Il se fit aider de son ami, le mathématicien et philosophe Jean d'Alembert. Cette œuvre monumentale fut financée par voie de souscription et bénéficia de la protection de la **marquise de Pompadour.** Le succès de l'encyclopédie fut immédiat en France et dans toute l'Europe. Son tirage s'éleva rapidement à plus de quatre mille exemplaires, un chiffre inespéré pour l'époque. Les premiers ennuis débutèrent avec un article sur la « genèse » et la création du monde. Un évêque condamna au feu les deux tomes de l'encyclopédie déjà parus. **Madame de Pompadour** et **Malesherbes** firent lever l'interdiction. À partir de 1757, les dévots repartirent à l'assaut des encyclopédistes. En mars 1759, sous pression, le Conseil d'État finit par interdire la vente de l'Encyclopédie. **Malesherbes** intervint à nouveau pour éviter la ruine à Diderot, mais ne put autoriser la poursuite des publications. Les dix derniers tomes furent publiés clandestinement par Diderot, en 1765, et les derniers volumes de planches illustrées ne parurent qu'en 1772. Au total, en trente ans, furent publiés 28 volumes auxquels ont participé environ deux cents auteurs, parmi les plus réputés de leur temps (Voltaire, Montesquieu, Rousseau, Condorcet, Quesnay, **Turgot**, Marmontel, Helvétius, le baron d'Holbach...)

<u>Sous le règne de Louis XV</u>

<u>Traité de Paris (1763)</u>

Le traité de Paris de février 1763 mit fin à la **guerre de Sept Ans** qui opposa (notamment) la France à l'Angleterre. Ce traité fut négocié au nom du roi **Louis XV** par le **duc de Choiseul**. Il se solda, dans les faits, par la quasi-disparition du premier empire colonial français, situé en Amérique du nord et aux Indes. Par ce traité, la France cédait à l'Angleterre la Nouvelle-France (le Canada d'aujourd'hui), ce qui lui restait de la Louisiane, autrement dit la rive gauche du Mississippi et de nombreuses îles des petites Antilles, comme la Dominique, la Grenade, Saint-Vincent et Tobago. Dans cette région, elle ne conservait que le petit archipel de Saint-Pierre-et-Miquelon, la Martinique et la Guadeloupe. Elle conserva surtout Saint-Domingue (aujourd'hui Haïti), mais l'île deviendra indépendante 40 ans plus tard. Quant aux Indes Orientales, la France céda à l'Angleterre la quasi-totalité de ses possessions, excepté cinq comptoirs, dont Pondichéry et Chandernagor. Par ailleurs, le traité de Paris confirma la montée en puissance de deux pays, la Prusse et la Russie. Cette dernière participera bientôt au premier partage de la Pologne, en 1772, et commencera à s'étendre vers le sud. Aussitôt la paix conclue, pour prendre leur revanche sur l'Angleterre, **Louis XV** et **Choiseul**, réformèrent l'armée sur le modèle prussien. Cela se traduisit plus tard par la participation de la France à la guerre d'indépendance américaine (1776-1783) et à la signature du **traité de Versailles** où l'Angleterre dut reconnaître l'indépendance des États-Unis

Sous le règne de Louis XVI

Traité de Versailles (1783)

La victoire franco-américaine de **Yorktown** permit aux colons anglais (insurgents) d'engager des négociations de paix avec l'ancien colonisateur anglais. Alors que ce succès devait beaucoup au soutien militaire et financier des Français, les désormais « Américains » négocièrent seuls, dans le dos de leurs alliés franco-espagnols, un traité bilatéral. **Louis XVI** malgré tout accepta d'aider financièrement, encore une fois, les Américains dont les finances étaient exsangues. Un double traité fut finalement signé le 3 septembre 1783. Le premier le fut à Paris et acta la fin de la guerre d'indépendance américaine. Le second fut signé à Versailles entre la France, l'Espagne et l'Angleterre. Cet accord permit notamment à la France de prendre une petite revanche vis-à-vis de l'Angleterre qui lui avait enlevé vingt ans plus tôt le Canada, la Louisiane et bien d'autres territoires. Par ce traité, la France récupérait notamment ses comptoirs en Inde, quelques îles aux Antilles, ainsi que Saint-Pierre-et-Miquelon et l'île de Tobago. Toutefois, à y regarder de plus près, la France ne retira pas grand-chose de cette guerre qui lui coûta très cher au plan financier. Ce fut même plutôt l'Angleterre qui tira finalement son épingle du jeu, car commercialement, elle retrouva rapidement sa suprématie économique en Amérique. Quant à la France royaliste, personne ne l'aida une décennie plus tard quand les caisses du royaume étant vides, elle fut prise dans une tourmente révolutionnaire.

Sous le règne de Louis XVI

Serment du « jeu de paume » (1789)

Depuis l'été 1788, la France traversait une grave crise financière et le mécontentement du peuple ne faisait que croître. Dans ce climat de tensions grandissantes, **Louis XVI** convoqua à Versailles les États généraux, le 1er mai 1789. Les représentants du clergé, de la noblesse et du tiers état se réunirent dans la salle des menus plaisirs. Rapidement, les députés du tiers état furent déçus par la tournure que prenaient les négociations. Ils attendaient des réformes profondes, on leur répondait impôts nouveaux. Le 17 juin, ils décidèrent de s'auto déclarer « Assemblée nationale » sans l'accord du roi. En représailles, trois jours plus tard, ce dernier fit fermer leur salle de réunion. Les députés investirent alors le gymnase du jeu de paume, où ils prononcèrent leur célèbre serment, jurant *« de ne pas se séparer avant qu'une constitution n'ait été adoptée »*.

Alors que le tiers état comptait cinq cent soixante-dix-huit députés, ils ne furent qu'environ trois cents à prononcer ce serment. Mais l'important était ailleurs. **Louis XVI** leur demanda de se séparer et fit ordonner (verbalement) leur dispersion. Ce qui permit à **Mirabeau** de prononcer sa phrase célèbre sur la volonté du peuple et la force des baïonnettes. Le roi céda une fois de plus. Les trois ordres commencèrent à délibérer ensemble. Le 9 juillet, l'Assemblée nationale jusque-là autoproclamée put se déclarer, officiellement cette fois-ci, Assemblée constituante.

Sous le règne de Louis XVI

Nuit du 4 août (1789)

Dans la nuit du 4 août 1789 disparut l'ancienne France fondée sur le privilège et les vieilles structures féodales. Les décisions prises, cette nuit-là, furent autant le résultat d'une profonde envie de réformes que la conséquence de la « grande peur » de fin juillet 1789, un évènement qui jeta des centaines de paysans contre les châteaux. Ces révoltes agraires ne touchèrent pas seulement les intérêts de la noblesse, mais également ceux de la bourgeoisie. Le 4 août au soir, sous l'influence notamment de deux nobles, le vicomte de Noailles et le duc d'Aiguillon, l'Assemblée réclama l'abolition des privilèges fiscaux, la suppression des corvées et de la mainmorte. D'abord réticente, l'Assemblée se laissa entraîner par la griserie de profonds changements. Disparurent alors dans l'enthousiasme général, les corvées, les justices seigneuriales, les dîmes, la vénalité des offices, les privilèges fiscaux des provinces, des villes et des individus. On reconnut enfin l'égalité de tous devant l'impôt et devant l'emploi. En réalité les décrets d'août 1789 n'abolirent que les servitudes personnelles, les corvées et le droit de chasse, tandis que les droits réels pesant sur la terre ne furent déclarés que rachetables… et à un taux onéreux ! Par ailleurs, l'abolition de la vénalité des offices s'accompagna d'une indemnisation qui permit aux anciens titulaires de réinvestir l'argent dans l'achat de biens nationaux. Les conséquences réelles de la nuit du 4 août doivent être donc ramenées à leur juste proportion, d'ailleurs considérable, quant à leur portée symbolique.

Sous le règne de Louis XVI

Constitution de (1791)

L'élaboration de cette constitution fut lente. Pendant deux ans, les membres de la constituante discutèrent pour en peaufiner le contenu. Votée, elle fut précédée d'une « Déclaration des droits de l'homme et du citoyen » énumérant les grands principes sur lesquels s'appuyaient les désormais législateurs. Finalement, ce texte consacra un régime classique de monarchie constitutionnelle. Avec un roi (héréditaire) en charge de l'exécutif, représentant la nation auprès de l'étranger et un Parlement en charge du vote des lois, partageant certaines grandes décisions avec le roi comme celle de déclarer la guerre. De leur côté, les députés jouissaient de l'immunité parlementaire. Le roi disposait également d'un droit de veto sur les lois qu'il refusait d'entériner. Sur le papier, la constitution de 1791 détruisait les derniers vestiges de l'absolutisme royal. Elle semblait être la bonne réponse à la crise que connaissait le pays depuis deux ans. En réalité, cette constitution était mal née. D'un côté, la « législative », devenue le premier pouvoir de l'État, censée représenter toute la nation, n'était élue que par une minorité de bourgeois et de propriétaires terriens. Elle ne représentait notamment pas encore ceux qui bientôt allaient prendre le pouvoir en France, issus des rangs des jacobins ou des cordeliers. De l'autre, **Louis XVI** usa et abusa de son droit de veto notamment concernant le sort réservé aux prêtres réfractaires. Cette constitution fut donc abandonnée après l'insurrection du 10 août 1792, qui vit **Louis XVI** perdre tous ses pouvoirs.

<u>Sous le règne de Louis XVI</u>

<u>Manifeste de Brunswick (1792)</u>

Face à la montée des actions révolutionnaires en France, l'Autriche et la Prusse monarchiques s'allièrent préventivement début 1792. En réaction, l'Assemblée législative déclara la guerre à cette coalition le 20 avril 1792. Cette décision servait des ambitions contradictoires. **Louis XVI** espérait retrouver son pouvoir absolu par une défaite militaire des révolutionnaires. Tandis que certains députés souhaitaient y trouver l'occasion de le prendre à son double jeu et d'obtenir sa déchéance.

Les premiers engagements (et échecs) militaires français à la frontière Est accentuèrent la défiance populaire envers le roi et provoquèrent à Paris une nouvelle agitation. Ce fut dans ce contexte que le duc de Brunswick, chef militaire des armées austro-prussiennes, publia un texte, le 25 juillet 1792, à Coblence. Ce texte, rédigé en réalité par des émigrés français en Allemagne et inspiré par l'entourage de la reine **Marie-Antoinette**, menaçait de destruction massive la ville de Paris et le massacre des Parisiens si ceux-ci portaient atteintes au roi et à sa famille. Ce texte était pour le moins maladroit. Contrairement aux attentes de leur(s) auteur(s), le duc de Brunswick put constater rapidement que cet ultimatum, loin d'effrayer les Parisiens, provoqua chez eux une réaction patriotique. Pire, il fut l'un des éléments déclencheurs de la journée insurrectionnelle du 10 août 1792 (assaut du palais des Tuileries) qui aboutit finalement à la suspension de **Louis XVI**, à son arrestation et à la **chute de la royauté en France.**

<u>Sous le règne de Louis XVI</u>

<u>Abolition de la royauté (1792)</u>

Le 20 septembre 1792, l'Assemblée législative s'effaça devant la « Convention ». Le lendemain 21 septembre, ce fut à l'occasion de la première séance de cette nouvelle assemblée d'élus que fut actée l'abolition de la royauté. Depuis un an, la France vivait dans une monarchie constitutionnelle, **celle de 1791**, qui ne satisfaisait personne. Par définition, les nouveaux députés (ceux de la législative n'étant pas autorisés à se représenter) se savaient mandatés pour mettre un terme à une crise qui couvait depuis la fuite du roi, en juin 1791, la prise sanglante des Tuileries et l'arrestation définitive du roi, en août 1792.
L'origine bourgeoise des conventionnels (des avocats, des journalistes, des juristes…) et leur activité politique ne les portaient pas, pour la plupart, à l'indulgence envers le trône. La victoire française, la veille, à la **bataille de Valmy** les conforta dans leurs convictions qu'il était l'heure de changer de régime. Aussi, lorsque le député de Paris, Jean-Marie Collot d'Herbois, proposa l'abolition de la royauté, il ne rencontra guère de résistance. La décision fut prise par acclamation, à l'unanimité. La République était donc née, de facto, par l'abolition de la monarchie, bien qu'elle n'ait jamais fait l'objet d'une validation officielle par écrit. Seule la décision de la Convention de dater les actes officiels non de l'an IV de la Liberté, mais de l'an I de la République la mentionnait pour la première fois, ouvrant ainsi une ère républicaine en France, après plus de 800 ans de royauté.

- **REFLEXIONS GENERALES PORTANT SUR LA PERIODE**

Introduction

La période pendant laquelle les Bourbons régnèrent en France dura deux cents ans, à peu de chose près. Durant ce laps de temps, cinq monarques seulement se sont assis sur le trône de France, bien moins que sous les dynasties précédentes. La longévité des règnes de Louis XIV et de Louis XV expliquant ce constat.

En raison de l'écrasante personnalité de Louis XIV et d'une monarchie devenue absolue, on pourrait croire que les règnes des Bourbons, en dehors du sien, ne rencontrèrent que peu d'obstacles intérieurs majeurs. En réalité, ce ne fut ni aussi simple ni aussi linéaire et ce point fera l'objet des premières réflexions qui suivent ce mini dictionnaire.

Un autre sujet qui nous interroge est la nature de l'adversité que rencontrèrent les Bourbons. Si l'on se souvient des guerres que menèrent les Capétiens directs et les Valois, certaines constantes étaient observables. En réalité, ceux-ci n'avaient pas d'ennemis étrangers. Ils ne s'opposaient qu'à des concurrents leur disputant des territoires se situant soit sur l'hexagone actuel, soit en Italie, soit dans des régions avoisinantes, sur les frontières nord et est. Les combats pour s'approprier ces zones étaient sporadiques, courts et peu meurtriers en valeur absolue, ne serait-ce que parce qu'au plan technique, les armes associées à l'artillerie manquaient de précision et de calibre.

Inversement, sous les Bourbons, rapidement l'ennemi sera clairement défini. C'était une maison austro-allemande – les Habsbourg – ayant fini par s'étendre dans toutes les régions accolées au royaume de France. Nous constaterons alors combien cette situation fut source de grands soucis pour la royauté française durant pratiquement les deux cents ans que dura la dynastie des Bourbons.

Enfin, il convient de commenter plus précisément les raisons pour lesquelles cette branche capétienne, par l'intermédiaire de Louis XVI, va devoir lâcher un pouvoir monarchique pourtant très fortement enraciné dans le pays. Et l'on s'apercevra, malgré les fautes répétées de la monarchie française, combien cette pseudo évidence n'était malgré tout absolument pas écrite par avance.

I) <u>Absolutisme et contre pouvoirs</u>

• Sous Henri IV

La royauté en France a beaucoup souffert des quarante années de guerre de religion. Le dernier Valois, Henri III, se trouvant même aux abois, en 1588, lorsque Henri de Guise était à la fois « roi » de Paris, tout en étant soutenu et subventionné par une Espagne éternellement catholique.

Même après qu'Henri IV eut récupéré le trône, ce dernier dut encore batailler un long moment contre les catholiques de France, emmenés par le duc de Mayenne, dernier représentant des Guise.
Seule sa conversion en 1594 au catholicisme lui a redonné (enfin) le pouvoir. Aussi et sans surprise, après toutes ces décennies de guerre franco-françaises, le royaume était très endetté. On fut alors très heureux de trouver, en 1600, une « Médicis » pour renflouer les caisses de l'État. Le règne d'Henri IV, une fois (re)marié, après qu'il eut travaillé à sa succession, est apparu apaisé bien que resté sous la surveillance des ultra catholiques. Ayant su s'entourer d'hommes de valeur, le roi mena alors une politique enfin pacifiée. Sous la baguette magique d'un grand commis – Sully – on put enfin s'intéresser à autre chose qu'à la « réforme » et à la « contre-réforme ». Par exemple, aux progrès des sciences, du commerce et surtout de l'agriculture.

• Sous Louis XIII

Mais pas de chance pour Henri IV, dix ans plus tard, le bras de Ravaillac ne trembla pas. Son fils, Louis XIII, étant trop jeune pour régner, le trône resta vacant. Hélas, il s'avéra que son épouse venue d'Italie, Marie de Médicis, ne fut jamais à la hauteur de la situation. Ambitieuse, têtue et inconséquente, elle plongea de nouveau le royaume dans des difficultés lourdes et inutiles.
Fascinée par le pouvoir, méprisant son fils aîné légèrement bègue, elle prit avec autorité la régence, mais eut beaucoup de mal à la lâcher, même quand Louis XIII eut 13 ans, l'âge légal de régner pour un roi de France.

Marie de Médicis favorisa à sa place un médiocre aventurier, Concini, plus quelques autres gentilshommes venus d'Italie. Une petite coterie « étrangère » put ainsi prendre le pouvoir en France, en douceur mais à la vue de tous, y compris des grands seigneurs français, fort nombreux, qui se dirent *« Pourquoi pas nous ? »* Ce fut l'amorce d'un nouveau contre-pouvoir qui allait durer une douzaine d'années.

Quand Louis XIII repris enfin les choses en main il se montra dès lors particulièrement sourcilleux sur sa prééminence politique en France. Devenu son Premier ministre, le cardinal de Richelieu s'en aperçut durant tout le règne.

Si l'on prend l'exemple de la célèbre « journée des dupes » rappelons-nous que, jusqu'au bout, Richelieu eut un léger doute sur l'arbitrage final du roi entre lui et Marie de Médicis. Heureusement pour la France, Louis XIII était sans doute bègue, mais il n'était pas stupide.

La deuxième partie de son règne fut marquée justement par l'empreinte indélébile de Richelieu, un prélat plus royaliste que le roi. Le cardinal fit ainsi la chasse à tout ce qui n'était pas dans la ligne d'une monarchie implacable. La liste sera longue. Interdiction des duels qui décimaient les gradés des armées royales, démolition des châteaux-forts témoins d'un temps révolu, abaissement définitif des cités protestantes, constituant un État dans l'État, surveillance de tous les seigneurs intéressés par les complots incessants et fantaisistes du frère du roi (Gaston d'Orléans) et décapitation systématique de ceux qui mettaient du temps à comprendre. En clair, quand Louis XIII passa la main en 1643, il n'existait plus d'ennemis intérieurs. Les « malcontents » (des « grands » de toute confession n'appréciant pas cette (re)montée de l'absolutisme royal) s'étaient bien calmés.

Seuls, à l'extérieur, les Habsbourg d'Espagne continuaient de créer quelques soucis du côté de la frontière nord du royaume, mais cela restait somme toute classique. On était entre voisins et c'était du déjà-vu.

• Sous la régence d'Anne d'Autriche

Le couple Louis XIII-Anne d'Autriche n'avait généré l'héritier royal qu'en 1638. Jusqu'à cette date, la reine mena une lutte sourde et continue envers le cardinal de Richelieu qui avait osé déclarer la guerre à l'Espagne, en 1635. Aussi, le règne de Louis XIV commença un peu à l'identique de celui de son père. Trop jeune pour régner, ce fut sa mère Anne d'Autriche, une Espagnole, qui prit la régence du royaume. Là s'arrêtèrent les similitudes avec le règne précédent.

Car à la seconde où Louis le quatorzième naquit, Anne d'Autriche se rappela qu'elle était reine de France et non pas d'Espagne. Dès lors, elle se souvint de ce que lui avait dit Richelieu jusqu'en 1642 et écouta ce que lui répéta Mazarin, son successeur, à compter de cette date.

Et que lui disait-il de particulier ? qu'il n'était pas question que le royaume de France soit encerclé au nord, au sud et à l'est par les Habsbourg d'Espagne ou d'Autriche. Un point qui sera développé plus loin.

Pendant la période de régence, la grande différence observable entre Anne d'Autriche et Marie de Médicis fut que Mazarin n'avait rien à voir avec Concini. Le premier des deux désirait simplement continuer la politique absolutiste de Richelieu. Dès lors Anne d'Autriche ne chercha pas à s'impliquer directement dans les affaires de l'État, encore moins à faire de l'ombre à son fils qu'elle admirait déjà avant même qu'il ne soit devenu le roi-soleil.

Une autre très grande différence avec le règne précédent fut l'âge à partir duquel régna effectivement le roi. Après que Concini eut été éliminé par les spadassins du roi, en 1617, Louis XIII prit le pouvoir dès 16 ans. Avec Louis XIV, l'enchaînement des évènements fut complétement différent.

Avec le total assentiment du jeune roi et d'Anne d'Autriche, Mazarin dirigea le pays jusqu'à sa mort, en 1661. Louis XIV avait alors 23 ans ! En revanche, à cette date, ce dernier annonça à la face du monde que désormais c'était lui seul qui assurerait le pouvoir… et c'est bien ce qu'il fera jusqu'au bout.

L'ère des « premiers ministres » autoritaires (Richelieu) où onctueux (Mazarin) était bel et bien terminée.

• Sous le ministériat de Mazarin

Mais si l'on revient un peu en arrière, entre 1643, date de la mort de Louis XIII et 1661, date à laquelle disparut Mazarin, il y eut donc une longue période où la France se trouva en « vacance » de pouvoir royal. La nature ayant horreur du vide, ce fut donc à ce moment précis que l'absolutisme forcené voulu par Richelieu fut sérieusement mis à mal, du moins jusqu'en 1653.

Toujours dans l'espoir de faire infléchir la politique extérieure de la France vers des alliances clairement catholiques, une première cabale dite des « importants » (lire de grands seigneurs) se mit en place à la mort de Louis XIII. Ce mouvement d'humeur, qui portait aussi bien sur la personnalité controversée de Mazarin que sur une réaction à des augmentations d'impôts toujours mal venues, fut finalement assez vite contenu.

Mais ce ne fut pas le cas quelques années plus tard lors d'une longue période de troubles, s'étalant de 1648 à 1653, où coup sur coup, Anne d'Autriche et surtout Mazarin, le mal aimé, le « gredin de Sicile » durent faire face à deux « frondes » de très grande envergure.

La première dite « des parlementaires » eut pour objectif clairement annoncé de rééquilibrer fortement les pouvoirs politiques entre les parlements et l'entité royale. Et cela faillit réussir sans la capacité manœuvrière d'un Mazarin au sommet de son art pour manipuler à la fois les hommes et les textes.

La seconde fronde dite « des princes » fut encore plus délicate à gérer, car ce n'était plus, de simples magistrats, soutenus par une population parisienne éternellement rétive, qui se dressaient face à l'autorité royale mais bien de vrais soldats armés. Une fronde conduite de surcroît par un chef prestigieux, le « grand Condé » cousin du roi. Un prince éligible au trône des Bourbons et un chef militaire prestigieux, s'étant couvert de gloire de 1643 à 1648, notamment contre l'Espagne, l'ennemi récurrent de l'époque.

Là aussi, on ne fut pas loin d'un coup d'État pouvant mettre à bas une monarchie en suspens, mais quelques circonstances particulières finirent par rétablir l'ordre préexistant.

D'une part, et concernant l'art de faire de la politique, Condé, un homme entier et imbu de sa naissance, n'était pas doué pour l'exercice. Il fut clairement incapable de transformer ses premiers succès en une victoire définitive.

En second lieu, son partenaire de guerre, Turenne, finit par redevenir légaliste donc fidèle au roi et à la régente.

Cela équilibra bien les choses au plan militaire, surtout après que Condé se soit rallié, de dépit, à l'armée espagnole, en 1652.
Ensuite, malgré de grandes incertitudes, Mazarin resta toujours maître de la situations, sachant se retirer « physiquement » quand il le fallait, payer sur ses fonds personnels des mercenaires au bon moment, distiller de précieux conseils à la régente pour se rendre perpétuellement indispensable auprès d'elle et du jeune roi… qui lui en sera redevable jusqu'au bout.

• Sous Louis XIV

Ensuite, tout le monde connaît l'histoire de ce roi hors normes, qui régna stricto sensu 72 ans ! un chiffre tellement improbable, que ce fut son arrière-petit-fils qui lui succéda. Durant tout le XVIIe siècle, il incarna une monarchie plus qu'absolue puisqu'il fit le vide complet autour de lui.
Les complots ? disparus tant son autorité était naturelle. Le fait du prince ? Fouquet du jour au lendemain passa du statut du puissant surintendant des finances au cachot à vie de Pignerol. Ses collaborateurs ? uniquement des bourgeois qui lui devaient tout. La haute noblesse d'épée ? entièrement domestiquée à être celle conviée aux réveils du roi, aux soupers du roi, aux promenades du roi, aux couchers du roi… La noblesse non pensionnée à Versailles ? devenue aigrie et se cramponnant plus que jamais à de vieilles lunes féodales. La noblesse parlementaire ? satisfaite, mais vigilante au maintien du prix de charges transmissibles à vie.
Non seulement le tempérament de Louis XIV l'avait porté à exercer un pouvoir sans partage, sans limite, mais il se trouva que cette période, dite du « grand siècle », regorgea de talents dans un

nombre impressionnant de domaines, allant de l'artistique à l'économique en passant par les sciences, la marine et l'art militaire. Dans ce dernier domaine, la France (et le roi) purent ainsi compter sur un véritable génie – Vauban - dont les Français d'aujourd'hui connaissent assez mal l'importance. Un homme qui instaura une « ligne maginot » tout azimuth avant l'heure !

Dans un environnement aussi favorable, Louis XIV put donc s'intéresser à autre chose que de montrer à ses visiteurs ses parterres de fleurs et ses belles fontaines.

Car, en dehors de sa cour, de ses maîtresses et de sa volonté farouche que le royaume redevienne entièrement catholique, la grande et ultime passion du roi fut bien de faire la guerre. À tout le monde en Europe et pour les motifs les plus divers.

En nombre, il n'en a jamais fait que quatre (voir les fiches correspondantes) mais il est bien fini le temps des Capétiens et des Valois où quelques milliers de mercenaires en rencontraient quelques milliers d'autres, dans un coin perdu du royaume, où les enjeux diplomatiques et territoriaux étaient au mieux faibles, aux pires nuls (confère le tome 2 de cette collection traitant des batailles stériles des Valois en Italie).

Les guerres, sous Louis XIV, furent au contraire meurtrières, de plus en plus longues et surtout avec enjeux. Lesquels ? Augmenter très sensiblement la taille du pré carré national et servir l'image d'un roi-soleil irradiant l'Europe de sa toute puissance.

Y est-il parvenu ? oui et non. Oui, car en fin de règne, l'hexagone français n'était effectivement pas loin d'être apparent (nous y reviendrons). Non, car ceci va se réaliser dans une telle débauche de moyens et de souffrance du petit peuple qu'au final, la France sortira très appauvrie de ce règne interminable.

Appauvrie et couvant déjà une colère sourde que certains sauront exploiter le moment voulu.

• Sous Louis XV

On aura donc bien compris que sous le règne de Louis XIV les contre-pouvoirs avaient disparu. Avec le règne suivant, celui de Louis XV, la situation sur cette question va devenir ambivalente.
Ce roi, comme il était prévisible, n'eut absolument pas le même destin que son prédécesseur. Il tenta parfois de faire « comme si… » mais à chaque fois rien ne se passât comme prévu. Les exemples foisonnent. Citons-en quelques-uns.
Si Louis XIV gouverna avec de nombreux collaborateurs, il décida seul. Louis XV, au contraire, se mit en permanence dans la main de ses ministres : Fleury, d'Argenson, Choiseul, Maupeou, Terray… la chasse et les courtisanes l'intéressaient bien davantage que le suivi attentif des affaires du royaume. Encore heureux que les ministres précités firent montre de certaines qualités et qu'ils étaient parfaitement loyaux.
Concernant les maîtresses de Louis XV, deux d'entre elles (la Pompadour et la du Barry) influencèrent certaines décisions politiques du roi, ce qui n'était naturellement pas le cas avec Louis XIV, même si madame de Mainteno joua un rôle en matière religieuse. Quand le roi engagea des guerres, c'était pour agrandir et sécuriser les frontières du royaume. On a un peu de mal à comprendre l'enjeu des guerres de Louis XV. Il en fit trois (voir les fiches correspondantes) mais le bilan final resta très mitigé.
Une seule réussite, le rattachement de la Lorraine, pour deux échecs : la succession d'Autriche où le roi travailla « *pour le roi de*

Prusse » et la « guerre de sept ans » qui vit la France, faute de pouvoir soutenir ses colonies, se faire dépecer de son premier empire colonial par les Anglais, de vieilles connaissances.

Quant à la situation intérieure, sous Louis XV, ce fut une lente et longue remontée des pouvoirs parallèles (parlements, grands bourgeois, coteries diverses, notamment religieuses…). L'absence d'incarnation nette du pouvoir favorisa notamment le retour d'un parlementarisme sourcilleux. Les idées nouvelles, issues par exemple des travaux des encyclopédistes, de l'émergence de théories économico-politiques, reprises par certains auteurs tel Montesquieu, vont irriguer progressivement la société bourgeoise. D'abord vers les hommes de loi, puis intéressant progressivement la bourgeoisie commerçante, ressentant de mieux en mieux le poids réel qu'elle pesait dans la société.

Vers la fin du règne de Louis XV, en 1766, il faut bien comprendre le sens de la séance dite de la « flagellation» où le roi expliqua longtemps aux parlementaires que le pouvoir était bien détenu entre ses seules mains, comme s'il avait compris que celui-ci lui échappait déjà. Car si les parlements l'écoutèrent, ils ne l'entendirent pas et cette désobéissance latente envoyait déjà un très mauvais signal à la monarchie de droit divin.

Plus tard, juste avant de mourir, quand Louis XV tenta encore de faire acte d'autorité en transformant l'organisation de la justice, en empêchant les magistrats d'acheter leurs charges, en imposant qu'ils soient désormais nommés et payés par le monarque, il était déjà trop tard. Ce roi peu visionnaire, influençable, vieilli et malade allait bientôt être remplacé par un Louis XVI, encore moins de taille à relever le gant de la restauration de l'autorité royale et des comptes publics.

II)   Bourbons versus Habsbourg

- **Qui est qui ?**

Sous les Bourbons, les guerres extérieures jouèrent un rôle important. Mais avant de rentrer dans le détail des évènements, il s'agit de présenter préalablement les acteurs de la période.
Commençons par l'ennemi. Qui sont précisément les Habsbourg ? Une vieille maison datant du Xe siècle qui s'est enracinée au départ essentiellement en Autriche. Grâce à une succession de mariages heureux, ses domaines se sont considérablement agrandis aux XV et XVIe siècles. Elle a ainsi récupéré, en 1477 les Pays-Bas de l'époque et la Franche-Comté, en 1496, la Castille et l'Aragon, en 1521, la Bohême (la république tchèque de nos jours) et la Hongrie.
Par ailleurs et durant toute la période qui nous intéresse, c'est un empereur d'Allemagne qui s'est retrouvé (pour des raisons purement historiques) à la tête du Saint empire romain germanique. Sauf qu'à la différence des Bourbons, le trône impérial ne se transmettait pas de façon héréditaire. Depuis 1356, chaque nouvel empereur était « élu » par des Princes-Électeurs (des laïcs ou des clercs de très haute noblesse) tandis que l'approbation du pape n'était plus requise depuis longtemps pour valider cette prise de pouvoir. Or, il s'est trouvé qu'à compter de la Renaissance, ce titre a échu sans discontinuer à la famille des Habsbourg !
Ultime précision, ce titre impérial et le Saint empire lui-même seront abolis, en juillet 1806, par Napoléon Ier … et jamais reconstitués par la suite.

- **Décorum**

Les acteurs étant définis, il reste à donner des précisions sur le décor. Pour bien comprendre les raisons qui ont poussé plusieurs rois de France à livrer bataille contre les possessions espagnoles au nord de sa frontière, il faut revenir en arrière.
Comme déjà indiqué précédemment, l'empereur Charles Quint avait ajouté à ses terres héréditaires, allemandes et autrichiennes, de nombreux autres héritages. Et lorsqu'il abdiqua, en 1556, au profit de son frère et de son fils, le premier - Ferdinand Ier - reçut les territoires germaniques tandis que le second - Philippe II - reçut l'Espagne et… les Provinces Unies.
Au sud du royaume, entre la France et l'Espagne, il existe une frontière naturelle, les Pyrénées ! il ne fut donc pas trop difficile pour ces deux monarchies de s'entendre dans le temps pour tracer la frontière les séparant.
En revanche, le nord du royaume de France, à l'époque, était très mal défini, instable, mouvant et les populations de ces régions attendaient en permanence de savoir qui avait gagné la dernière guerre pour savoir s'ils étaient français, espagnols, belges, hollandais ou luxembourgeois.
De nos jours, les frontières des Pays-Bas, de la Belgique et du Luxembourg sont parfaitement identifiées. À l'époque des Bourbons, ce n'était pas le cas. C'est pourquoi il faut, là encore, bien préciser de quoi on parle.
Sous domination espagnole, qui dura de 1556 à 1700, la zone au dessus de la France comptenait, au nord, les Provinces-Unies protestantes (l'actuel Pays-Bas) et, au sud, les Pays-Bas espagnols catholiques (l'actuelle Belgique + le Luxembourg) renommés Pays-

Bas autrichiens, en 1713. Un changement de nom lié au fait qu'à compter de cette date, et en contrepartie, les Habsbourg reconnaîtront Philippe V – un Bourbon - comme roi d'Espagne.

• Le double objectif des Bourbons

Pour Henri IV, Richelieu, Louis XIII, Mazarin et Louis XIV, il fallait donc lutter sur deux fronts. Au nord, grignoter et sanctuariser le maximum de territoires dans la région des Pays-Bas espagnols. À l'est, le long du Rhin notamment, annexer des régions appartenant au Saint-empire (la Lorraine et l'Alsace prioritairement) ou encore se créer des couloirs permettant de relier des régions du royaume entravées de certaines enclaves appartenant aux Habsbourg.
Ceci précisé, au début du XVIIe siècle, une guerre européenne éclata dite « guerre de trente ans » sans la France ! Une guerre qui s'étala de 1618 à 1648. Initialement, elle mit aux prises les protestants et les catholiques d'Europe centrale, tandis que parallèlement l'Espagne rencontrait de grandes difficultés dans ses possessions du nord de l'Europe, les « Provinces-Unies ».
Dans ces régions vivaient des calvinistes purs et durs, des marins redoutables également. Depuis 1581, ces territoires s'étaient même autoproclamés indépendants de l'Espagne. Et depuis lors, leur autonomie (et leurs ambitions maritimes également) se renforçaient un peu plus, tous les jours.
Dans ce contexte, en 1635, Richelieu vit une formidable opportunité d'agrandir et de renforcer définitivement la frontière nord du royaume.

Que voyait-il en effet ? Chez les Habsbourg d'Allemagne centrale, une féroce guerre de religion entre protestants et catholiques déchirant profondément la région. Une guerre qui ne s'éteignait pas… aggravée par des accords multiples d'assistance, entraînant certains pays protestants de la Baltique (Danemark d'abord, Suède ensuite) à venir en aide à leurs coreligionnaires protestants d'Allemagne centrale.

Richelieu finança alors la Suède, en sous-main, avant de convaincre Louis XIII que c'était le bon moment pour déclarer la guerre à une Espagne, empêtrée dans une guerre ouverte depuis 1618 !

Une guerre contre la seule Espagne qui va durer, également, très longtemps, près de 25 ans, qui se terminera bien après le règne de Louis XIII, notamment après les traités de Westphalie signés, en 1648, ayant marqué la fin de la « guerre de trente ans ».

Mazarin ayant repris le flambeau de Richelieu, c'est lui avec l'aide militaire de Turenne (contre Condé passé, suite à sa fronde, chez les Espagnols) qui gagnera finalement cette guerre contre l'Espagne Une victoire entraînant la paix des Pyrénées, signée en 1659. La France y gagnera, au nord, plusieurs places fortes de Flandre, et quelques bonus au sud avec la Cerdagne et le Roussillon.

- ## Louis XIV entre en scène

On aurait pu penser que cette paix de 1659 était susceptible de pacifier, enfin, les relations difficiles des deux plus grosses monarchies européennes, mais un événement que personne ne pouvait prévoir changea complétement la donne : l'arrivée au pouvoir de Louis XIV !

Mazarin avait bien terminé son mandat mais Louis XIV, sûr de sa force et terriblement ambitieux, autant pour son royaume que pour lui-même, en voulait bien plus.

En conséquence, l'Espagne souhaitait-elle vivre en paix ? Louis XIV n'était pas d'accord. Selon lui, des places dans les Pays-bas espagnols restaient encore à récupérer…

Il fallait donc relancer la guerre, mais pour quel motif ?... Il trouva !

Marié depuis 1660 à Marie-Thérèse, la fille d'un premier lit de Philippe IV d'Espagne, il réclama au nom d'un droit coutumier local du Brabant, ce qui était « dévolu » à son épouse.

Une première guerre fut donc menée, entre 1667 et 1668, à l'issue de laquelle Louis XIV récupéra encore 12 places supplémentaires en Flandre, dont Lille, Douai et Charleroi, le tout acté au traité d'Aix-la-Chapelle, en mai 1668.

- ### Toujours plus !

Quelques années plus tard, toujours aussi belliqueux, notre roi de France voulut voir encore plus grand.

Jusqu'à présent, la cible permanente des Français était composée des Pays-Bas espagnols. Pourquoi ne pas se montrer plus ambitieux et s'attaquer également aux Provinces-Unies, situées juste au-dessus ? L'idée venait de Colbert qui souffla au roi que ces « marchands », habiles navigateurs et commerciaux, cassaient les tarifs douaniers protecteurs de la France.

Mais ce ne fut pas si simple. Face aux ambitions nouvelles françaises, une partie de l'Europe, inquiète des conséquences commerciales que cela pouvait entraîner, se mobilisa et la guerre cette fois-ci dura encore plus longtemps, de 1674 à 1678.

Ce qu'il faut retenir, c'est qu'au final, ce fut encore l'Espagne qui en sortit appauvrie. Aux traités de Nimègue de 1678, elle dut encore lâcher à la France la Franche-Comté, l'Artois et de nombreuses places des Pays-Bas restés espagnols.

On y voyait enfin plus clair. La frontière nord de la France comprenait désormais moins d'enclaves isolées. La zone devenait homogène. Vauban pouvait la fortifier. De surcroît, à l'est, la Franche-Comté enfin obtenue, la France gagnait un couloir vers la Haute-Alsace qui lui appartenait déjà.

- **Un renard dans le poulailler**

Pourtant, toujours aussi peu rassasié, Louis XIV changea de méthode entre 1683 et 1684.

Pourquoi faire des guerres frontales, coûteuses et longues alors que l'on peut annexer certaines régions en profitant à la fois des méandres imparfaits de la géographie des territoires et de textes d'accords précédents discutables.

Ce fut la « politique des Réunions ». Une fois de plus, il s'en prit aux Pays-Bas espagnols en récupérant « par simple annexion » la place de Luxembourg et en y ajoutant Courtrai et quelques villes de moindre importance. Et tant qu'à faire, selon le même principe, on prit Strasbourg aux impériaux !

Le temps de la sidération passée, cette politique d'annexions « sauvages » ne passa pas en Europe. Une Ligue dite d'Augsbourg se leva une nouvelle fois contre la France.

Et cette fois-ci, durant près de dix ans ! De 1688 à 1697, Louis XIV dut en effet se battre contre les Habsbourg d'Allemagne et d'Espagne alliés cette fois-ci aux Provinces-Unies. Celles-ci ayant enfin compris que Louis XIV était un prédateur de haute volée. Pour faire bonne mesure, l'Angleterre s'ajouta à cette coalition.

Au traité de Ryswick qui acta, en 1697, le résultat de difficiles batailles sur de nombreux théâtres d'opérations, Louis XIV, désirant désormais amadouer l'Espagne dont la succession se profilait, lui restitua toutes les conquêtes qu'il avait acquises depuis le traité de Nimègue, y compris Luxembourg, à l'exclusion de Strasbourg toutefois.

Il concéda également aux Provinces-Unies le droit d'installer des garnisons dans plusieurs places fortes belges pour surveiller la frontière française. On n'était quand même pas revenu à la situation d'origine, celle de Westphalie, mais il s'en fallut de peu ! Et tout ça parce que le petit-fils de Louis XIV était couché sur le testament du dernier roi d'Espagne Charles II… à la place d'un Habsbourg !

- ## Coup de théâtre

Le petit-fils de Louis XIV, Philippe d'Anjou, était correctement légitime pour récupérer le trône d'Espagne à la mort sans descendance de Charles II, en 1700. Louis XIV était en effet lui-même petit-fils d'une princesse espagnole (Anne d'Autriche) et époux de Marie-Thérèse, la fille du précédent roi d'Espagne (Philippe IV).

Après avoir longtemps hésité entre le prétendant des Habsbourg (l'archiduc Charles) et le petit-fils de Louis XIV, Charles II d'Espagne, qui d'ailleurs n'avait plus toute sa tête à la fin de sa vie, opta, avant de mourir, pour le jeune descendant de Louis XIV.
Stupeur à Vienne ! Il n'était pas question que les deux plus grosses monarchies européennes soient entre les mains d'une seule maison, celle des Bourbons.
Telle fut la cause de la dernière guerre de Louis XIV, dite de « succession d'Espagne » et cette fois-ci l'Espagne n'était plus notre ennemie, c'était le (grand) prix à gagner.
Ce fut une guerre qui dura très longtemps, de 1701 à 1714. La coalition européenne qui se forma (les principales puissances de l'Europe centrale et du nord plus l'Angleterre) vola de victoires en victoires dans les premières années de ce nouveau conflit. La France perdit alors une grande partie de ses conquêtes antérieures. Heureusement, le maréchal de Villars « sauva les meubles » dans la seconde partie du conflit et lorsque tout le monde s'assit pour signer enfin la paix à Utrecht, en 1713 et à Rastatt, en 1714, qu'est-ce qui restait ? Pour Louis XIV, géographiquement, une France désormais proche de ce qu'elle est de nos jours. Pour les Habsbourg, la certitude actée que les royaumes de France et d'Espagne ne fusionneraient jamais. Et pour l'Angleterre, une forte montée en puissance de son empire colonial, au détriment d'ailleurs de la France. Un point qui sera abordé un peu plus loin.

- **Stop ou encore ?**

Après la régence de Philippe d'Orléans, Louis XV régna en France. Coup de chance, son principal ministre, le cardinal Fleury, était un homme intelligent et surtout pacifique. La France vécut donc paisiblement, du moins vis-à-vis des Habsbourg. Malgré tout, en 1734, elle dut de nouveau reprendre les armes contre cette maison pour replacer sur le trône de Pologne, un roi ami, Stanislas Leszczynski, le propre père de l'épouse de Louis XV. Stanislas avait bien été élu, mais il avait été déposé par une coalition austro-russe.

La France gagna les guerres essentielles à l'issue desquelles tout se régla en 1738, par le traité de Vienne qui vit tout le monde s'échanger ses prises comme au monopoly. La Pologne revint bien à l'électeur de Saxe, mais les Habsbourg durent lâcher la Lorraine, gérée par Stanislas jusqu'à sa mort en 1766 pour tomber dans l'escarcelle française à cette date.

Cependant, quelques années plus tard, Louis XV, sans l'aide de Fleury cette fois-ci, s'embarqua dans un nouveau conflit d'envergure européenne. Encore aujourd'hui, on se demande bien pourquoi ?vait De 1740 à 1748, le principal enjeu de ce conflit fut de savoir si ce serait encore un Habsbourg qui récupérerait le trône impérial. La France de Louis XV n'avait naturellement pas cette prétention, mais avec le jeu des alliances, elle se retrouva tenue de participer aux combats.

Le pire, c'est que dans cette affaire, la France s'offrit de belles victoires, comme la célèbre bataille de Fontenoy, en 1745, qu'elle s'empara alors des Pays-Bas autrichiens (ces fameux ex Pays-Bas espagnols que Louis XIV avait guigné toute sa vie) jusqu'à envahir même les Provinces-Unies, entre 1747 et 1748.

Pourtant lorsque tout le monde s'assit à la table des négociations, à Aix-la-Chapelle en octobre 1748, Louis XV ne demanda rien et restitua tout ! L'un de ses alliés, la Prusse berlinoise, un nouveau venu sur la scène internationale (qui allait bientôt faire parler de lui) avait annexé la Silésie, sans états d'âme particuliers. D'où la célèbre expression, que dans cette guerre *« la France avait travaillé pour le roi de Prusse »*

• Bilan géographique

Le règne de Louis XV s'acheva en 1774. À la veille de la Révolution française, après ce long face à face guerrier avec les Habsbourg d'Autriche et d'Espagne, il apparaît intéressant de regarder ce qu'est devenu le royaume de France quant à ses frontières.

L'hexagone, tel que nous le connaissons de nos jours, était dès cette époque tracé pour l'essentiel.

Au nord, grâce aux diverses récupérations de territoires faites auprès des Espagnols, Vauban avait pu ériger de 1665 à 1707, de la Mer du Nord aux Ardennes, une « ceinture de fer » solide et cohérente.

Au Nord-Est, le rattachement à la France des duchés de Lorraine et de Bar, effectif en 1766, fut obtenu lors du traité de Vienne de 1738.

Sur la frontière du Rhin, la Haute Alsace a été annexée, en 1648 par le traité de Westphalie, la Basse Alsace lors de la politique des

Réunions de Louis XIV en 1680. Enfin, par les traités de Ryswick, en 1697, la France a obtenu que ce soit le Rhin qui délimite désormais la frontière entre l'Alsace et l'Empire. À gauche, c'est en France, à droite, c'est en Allemagne.

Au sud-est, après quelques va-et-vient historiques, le duché de Savoie et le comté de Nice, perdus à l'époque, seront incorporés définitivement à la France, en 1860, par Napoléon III.

III) <u>Le début de la fin</u>

• À contretemps

Louis XIV, pour des raisons de grandeur, et Colbert pour des raisons purement économiques furent les fers-de-lance d'une France qui a fini par s'intéresser aux territoires nouveaux, par-delà les océans.

D'autres les avaient devancés. Les Ibériques espagnols et portugais, les Anglais naturellement et les Néerlandais très actifs notamment du côté du continent indien.

Comme la France s'était présentée après tout le monde, ses résultats en la matière furent assez décevants.

Les compagnies créées qui avaient un monopole d'exploitation (fourrures, pêche et bois) ou d'importation (épices et canne à sucre) finirent toutes par faire faillite.

Malgré cela, les historiens ont considéré, peut-être avec un brin d'optimisme, que sous Louis XV, la France s'était trouvée, quand même, à la tête de son premier « empire » colonial.

De toute façon, suite à la « guerre de sept ans » qui se déroula de 1756 à 1763, la France perdit presque tout. De la Nouvelle-France (le Canada d'aujourd'hui) aux comptoirs indiens en passant par de nombreuses îles des « petites Antilles ». Elle ne sauva que peu de choses, l'archipel de Saint-Pierre-et-Miquelon et les îles de la Martinique, de la Guadeloupe et de Saint-Domingue qui deviendra indépendante, en 1804, sous le nom d'Haïti.

Qui nous avait ainsi réduit à la portion congrue ? essentiellement, notre ancien ennemi, la perfide Albion, c'est-à-dire l'Angleterre ! Un grand pays qui présente la particularité d'être également une île. Dès lors, les marins anglais furent de tout temps de remarquables navigateurs, des soldats redoutables et des commerçants qui n'avaient rien à envier à leurs homologues hollandais.

Quelques années plus tard, sous le règne de Louis XVI, la France eut l'occasion de prendre sa revanche par colons britanniques interposés. En 1776, ces « insurgents », qui avaient fondé treize colonies de peuplement dans le « nouveau monde » américain, demandèrent à s'affranchir de la tutelle britannique. Ces derniers dirent « no » entraînant la guerre d'indépendance américaine qui dura jusqu'en 1783.

Pour se venger de l'Angleterre, tout le monde conseilla à Louis XVI d'aider militairement et financièrement ces lointains colons américains, et de le faire bien au-delà des capacités financières du royaume. Louis XVI, assez inconscient, suivit ces conseillers. Une grosse erreur qui lui coûtera très cher, dix ans plus tard.

À la question : est-ce que les colons britanniques auraient obtenu gain de cause sans le soutien des Français (aidés des Espagnols) ? La réponse est oui, naturellement. Cela aurait été, simplement, plus long.

Pourquoi en être si sûr ? Tout simplement parce que ces colons, majoritairement britanniques, faisaient souche rapidement, qu'ils étaient sur place, déjà nombreux et qu'ils se forgeaient, tous les jours un peu plus, une nouvelle identité, une identité de pionnier…

- **Ferments**

À l'aube de la Révolution qui se profile, il n'est pas vain d'essayer de mettre en lumière certains éléments qui, isolés, n'auraient que peu d'importance, mais rassemblés permettent, a minima, d'expliquer la nuit du 4 août 1789 où une assemblée française mis à bas huit cents ans de contraintes féodales.
Depuis Louis XIV, la France vivait dans un régime de monarchie absolue. Mais en janvier 1649, Charles Ier d'Angleterre s'étant opposé au Parlement avait perdu son combat et s'était même fait couper la tête ! Pire, son opposant Cromwell installa une République qui dura jusqu'en 1658, date à laquelle la monarchie britannique fut rétablie en devant désormais respecter un « habeas corpus » garantissant de très nombreux droits aux sujets britanniques. L'Angleterre démontra donc, ce jour-là, à la face du monde monarchique que les choses n'étaient pas immuables.
Nous avons déjà montré combien la décision de Louis XVI d'aider fortement les colons britanniques était suicidaire au plan financier. C'était également dangereux pour la monarchie française. Cela permit en effet à de nombreux hommes, les encyclopédistes bien sûr mais pas seulement, animés par des idées nouvelles et démocratiques de les exprimer et de les diffuser sans retenue, avec

enthousiasme dans de nombreux cercles parisiens, notamment ceux de la franc-maçonnerie.

Toute une bourgeoisie commerçante, industrieuse et libérale, qui s'était constituée depuis le règne de Louis XV, s'empara de ces idées à son tour. L'ambition politique des roturiers grandissait dans le royaume. Car si la France fit souvent la guerre sous Louis XIV, et à un degré moindre sous Louis XV, ce furent toujours des conflits ayant lieu systématiquement à l'abri de la « ceinture de fer » érigée par Vauban. Résultat : en 1789, la France comptait 28 millions d'habitants, dont 25 millions de paysans. Ce qui en faisait à l'époque le pays le plus peuplé d'Europe, à égalité avec la Russie.

Évoquons maintenant le sujet sensible de la fiscalité. Il ne faut pas se tromper. De gros progrès avaient été faits ces dernières décennies dans l'égalité fiscale, ne serait-ce que pour en améliorer le rendement. Les bourgeois (cinq cent mille personnes) payaient davantage d'impôts que les petites gens. Mais concernant la haute noblesse de robe ou d'épée (très peu de monde en réalité), les exemptions restaient encore trop nombreuses et surtout exposées à la vue de tous. Quant à la petite noblesse provinciale, celle-ci, elle-même en difficulté matérielle, s'accrochait encore à des servitudes datant d'une époque désormais révolue. Enfin dernier point, peut-être le plus important. La France de Louis XVI était en faillite financière. Aux États Généraux de 1789, pour que le peuple accepte éventuellement une nouvelle hausse des impôts, il aurait fallu que la noblesse de robe et d'épée soit elle-même taxée à due concurrence de ses rentes et revenus fonciers. Les parlements, principale représentation de cette classe, ne voulurent jamais en entendre parler.

Il n'y avait donc aucune solution de rechange pour le tiers état. La bombe était amorcée... La seule incertitude restait le moment exact où elle allait exploser...

• Le pied dans la porte

Ces précisions apportées et sans surprise, le règne de Louis XVI, un monarque mou et hésitant, fut donc une longue descente aux enfers. Il avait, semble-t-il, encore que certains historiens n'en soient pas convaincus, la capacité de voir comment réorienter le revenu national d'une façon plus conforme aux idées de l'époque. Il semblait également disposer du flair pour trouver les hommes qui avaient des idées pour améliorer les comptes publics. Mais cela s'arrêtait là. Confronté aux mesures concrètes pour redresser « réellement » le pays, il n'avait absolument pas la force mentale de l'imposer aux coteries, à son entourage, à sa classe...

Rappelons pourquoi la situation financière du pays était dans cet état ? Trois raisons sont généralement avancées.
D'abord, l'héritage calamiteux des finances royales depuis les règnes fastueux, guerriers et inconséquents de Louis XIV et Louis XV.
Ensuite, on vient de le rappeler, le mauvais partage de l'impôt qui faisait reposer celui-ci sur un peuple accablé de taxes et de servitudes diverses, conduisant également les contrôleurs financiers se succédant à chercher de nouvelles recettes en endettant toujours plus le royaume.

Enfin et surtout le double financement (en soutien militaire direct et en lourdes subventions financières) apporté aux colons anglais installés en Amérique pour obtenir leur indépendance auprès des Anglais. En tout un milliard de livres tournois ! s'ajoutant ainsi à la situation catastrophique des finances royales.

Pour autant, fallait-il convoquer les États Généraux ? Les prédécesseurs de Louis XVI avaient bien senti que cela restait dangereux pour l'autorité royale de les réunir. Depuis 1614, on s'était bien gardé de le faire.

Louis XVI, aux abois financiers depuis que le pays était en quasi-banqueroute, se résolut pourtant à convoquer la seule expression du peuple existante le 1er mai 1789. On peut presque dire qu'à compter de ce jour, le « peuple » enfin représenté avait mis le pied dans la porte. Quelques mois plus tard, c'est tout le corps qui s'engouffrera dans la vieille maison délabrée.

Cela se traduira par une décomposition progressive (et rapide) des fondamentaux de l'Ancien régime.

Une décomposition que l'on peut traduire sous la forme d'une équation.

Monarchie absolue → États Généraux → Serment du jeu de paume → Constituante → Fuite de Varennes → Législative → Constitution de 1791 → Vétos royaux → Manifeste de Brunswick → Prise des Tuileries → Chute de la royauté → Convention → Procès et mort du roi

Le scenario de ce film pouvait-il être différent ? Cette question et bien d'autres seront examinées dans le tome IV de cette collection.

IV) Conclusions sur la période

Nous voici parvenus au terme de certaines réflexions que le règne des Bourbons peuvent inspirer. Quel bilan général peut-on en tirer ?

D'abord qu'en y réfléchissant bien, les rôles que jouèrent ces deux grands ministres que furent Richelieu et Mazarin n'ont peut-être pas servi la France monarchique aussi bien qu'on ne le pense généralement. De 1624 à 1661, soit sur près de 40 ans de règne bourbon, ils ont construit de toutes pièces une monarchie absolue qui va empêcher pour longtemps le royaume de respirer.

Et sans s'occuper de savoir si les souverains à venir auraient les capacités de tenir les rênes d'un royaume s'étoffant et se complexifiant. Or si Louis XIV fut un roi hors norme, il fut aussi un roi manquant de lucidité en de nombreuses circonstances, quand il chassa les protestants de France, par exemple, ou quand il épuisa les finances publiques du royaume dans des guerres sans fin. Des conflits longs et coûteux servant uniquement une gloire personnelle excessive. On ne le dit d'ailleurs pas assez, mais le « roi-soleil » eut également beaucoup de chance d'avoir pu compter, dans la seconde partie de son règne, sur deux militaires de haute valeur, pourtant assez peu connus du grand public, les maréchaux de Luxembourg et de Villars.

Louis XV ? ce sera autre chose. Un monarque sous influence, se demandant parfois ce qu'il faisait sur ce trône trop grand pour lui. Finalement, victime lui aussi de la longévité de son règne qui l'a entraîné dans trop de comportements libertins incompatibles avec la grandeur de la fonction qu'avaient magnifiée à l'excès Richelieu et Mazarin.

Quant à Louis XVI, nul mieux que ce personnage falot pouvait démontrer les limites d'un système basé sur un pouvoir se transmettant de façon héréditaire, sans tenir le moindre compte des capacités réelles de la personne couronnée.

À y regarder de près, les Parisiens, plus que la province qui suivait le mouvement avec forcément un temps de retard, ont pourtant laissé sa chance au roi.

Après sa tentative de fuite en juin 1791, il aurait déjà pu être déposé. Mais l'Assemblée constituante, suivie de la législative, était composée très majoritairement de députés modérés et de « Feuillants », favorables à une monarchie constitutionnelle. Tous ces gens, après avoir fait traîné les choses, depuis juillet 1789, se sont hâtés d'installer une monarchie de ce type, la « Constitution de 1791 ».

Louis XVI et son entourage n'ont alors rien compris. Ils ont au contraire fait de l'obstruction alors que les sections parisiennes de « sans-culottes » devenaient de plus en plus agressives. Tout le monde comprit également que lorsque le roi s'empressa de déclarer la guerre à l'Autriche, en avril 1792, c'était avec l'arrière-pensée que l'ennemi délivre la famille royale des révolutionnaires parisiens. Le manifeste de Brunswick et les veto répétitifs du roi furent donc une aubaine pour la commune de Paris qui tenait ses motifs pour abattre la royauté en France. Louis XVI et son entourage furent donc aveugles et sourds jusqu'au bout…

En réalité, les vrais « Bourbons » mourront avec ce roi bricoleur. Après l'épisode impérial, les frères de Louis XVI, installés par les vainqueurs de Napoléon, tenteront bien quelque temps de rallumer une flamme devenue courte et vacillante. Sans succès…

✶✶

- ## INDEX DES AUTRES SOUVERAINS ET PERSONNALITES NE FAISANT PAS L'OBJET D'UNE FICHE

- Agrippa d'Aubigné Théodore (écrivain)   59
- Alexandre de Lameth (comte)   98
- Alexândre de Vendôme (gouverneur)   44
- Anne de Joyeuse (duc)   24
- Anne de Costentin de Tourville (maréchal)   119
- Anne-Geneviève de Condé (duchesse)   050
- Antonin de Caumont (duc de Lauzin)   56
- Armand de Bourbon-Conti (prince)   114
- Armandé du Plessis-Richelieu (duc d'Aiguillon)   1164
- Auguste II de Pologne (roi)   123/158
- Auguste III de Pologne (roi)   123/158
- Benjamin de Rohan (duc)   140
- Bernard de Saxe-Weimar (général)   39/107
- Bernard René Jourdan, marquis de Launay   129
- Böehmer (bijoutier)   92
- Boileau Nicolas (écrivain)   61
- Broussel Pierre (parlementaire)   113
- Catherine de Médicis (reine)   20
- Charles Ier de Bourbon (cardinal)   23
- Charles Ier de Nevers (prince)   106/111/142
- Charles de Châteauneuf (marquis)   46
- Marquis de Castries (maréchal)   86
- Charles François Dumouriez (général)   133
- Charles Ie d'Angleterre (roi)   43/60/ 192

- Charles Ie de la Vieuville (duc)   15
- Charles II d'Angleterre (roi)   145
- Charles II d'Espagne (roi) 60/69/116/120/147/153/186/187/192
- Charles IX (roi)   38
- Charles de Secondat (Montesquieu)   98/160/179
- Charles VI (empereur) 69/123/124/155/158
- Charles VII (empereur)   124
- Charles-Guillaume de Brunswick (duc) 133/166/195/197
- Charles-Louis Fouquet de Belle-Isle (maréchal)   72
- Charlotte de la Marck (princesse)   25
- Charlotte de Montmorency (princesse)   41
- Claude de Lorraine (prince)   46
- Clément III (Pape)   154
- Collot d'Herbois Jean-Marie (acteur)   167
- Condorcet Nicolas de (scientifique)   160
- Cromwell Oliver (lord protecteur)   145/192
- D'Aguesseau Henri François (magistrat)   73
- D'Alembert Jean (scientifique)   160
- Danton Georges (avocat)   131/132
- De la Motte-Valois (comtesse)   92
- De Saint-germain (comte et aventurier)   86
- Deshayes Cath dite la Voisin (empoisonneuse)   661
- Desmoulins Camille (journaliste)   93
- Diderot Denis (écrivain)   160
- Don Francisco de Melo (ambassadeur)   108
- Don Juan José d'Autriche (militaire)   115
- Don Luis de Haro (militaire)   146

- Du Vair Guillaume (écrivain) 37
- Dugua de Mons (gouverneur) 31
- Duplessis-Mornay Philippe (théologien) 20
- Duport Adrien (politique) 98
- Duquesne Abraham (amiral) 137
- Élizabeth de Bourbon (reine) 34
- Eugène de Savoie-Carignan (prince) 120/121/122/155
- Ferdinand Ier de Habsbourg (empereur) 181
- Ferdinand II de Habsbourg (empereur) 142/143
- Ferdinand VI (roi) 69
- François Ier de Habsbourg-Lorr. (empereur) 70/95 /158/15
- François d'Alençon (duc) 25
- François d'Entragues (gouverneur) 38
- François de la chaise (confesseur du roi) 151
- François de B. de Lesdiguière (connétable) 29
- François de Coligny (comte) 100
- François de L'Averdy (marquis de Gambais) 80
- François de Neufville de Villeroy (maréchal) 120
- François de Rosmadec (comte) 45
- François Joseph Paul de Grasse (amiral) 128
- François-Auguste de Thou (magistrat) 54
- François-Marie Arouet, dit Voltaire (écrivain) 160
- Franz von Mercy (général) 109/110
- Frédéric II (roi) 124/126/159
- Galigaï Léonora (confidente) 33
- George Villiers de Buckingham (duc) 46/47/105
- Georges-Frédéric de Waldeck (feld-maréchal) 557
- Girardon François (sculpteur) 52

- Guillaume III d'Orange-Nassau (roi) 57/117/152
- Helvétius Claude-Adrien (écrivain) 160
- Henri de Bourbon-Condé (prince) 76
- Henri de Guise (duc) 23/26/46/170
- Henri II de France (roi) 138/143
- Henri II d'Orléans-Longueville (duc) 37/114
- Henri III (roi) 14/20/21/23/23/25/26/100/170
- Henriette d'Angleterre (princesse) 34/60
- Jacqueline de Bueil (comtesse) 38
- Jansen Cornélius (théologien) 154
- Jean de Gassion (maréchal) 108
- Jean de Werth (militaire) 110
- Jean-Baptiste d'Ornano (maréchal) 44
- Jeannin Pierre (surintendant des Finances) 37
- John Churchill (duc de Marlborough) 120/121
- Kellermann François (général) 133
- La Chalotais Louis-René (magistrat) 83
- La Fontaine Jean (moraliste) 61
- Ladislas IV (roi) 111
- Law John (financier) 17/67/71/156
- Le Brun Charles (peintre décorateur) 52
- Le Fort Auguste (électeur de Saxe) 72
- Le Nôtre André (jardinier) 52
- Le Tellier Michel (ministre) 62
- Le Vau Louis (architecte) 52
- Léopold Guillaume de Habsbourg (empereur) 69/112/149/152

- Louis de Bourbon-Soissons (comte) 46/49/51/103/139
- Louis de France (grand dauphin de France) 69/76
- Louis Marc Antoine de Noailles (général) 164
- Louis XVII (fils de roi) 95
- Louis XVIII (roi) 97
- Louis de Gondrin (marquis de Montespan) 61
- Louis-Philippe Ier (roi) 86/97
- Louis de Rigaud (marquis de Vaudreuil) 77
- Mancini Laure (nièce de Mazarin) 42
- Marat Jean-Paul (journaliste) 93/131/132
- Marguerite d'Autriche (princesse) 47
- Marguerite de Valois (reine) 32/34
- Marie de Gonzague (princesse) 54
- Marie de Luxembourg (duchesse) 26
- Marie-Anne de Bourbon de Blois (princesse) 60
- Marie-Josèphe de Saxe (princesse) 76
- Marie-Thérèse d'Espagne (reine) 59/61/68/116/146/147/184/187
- Marie-Thérèse d'Autriche (reine) 92/95/124/158/159
- Marmontel Jean-François (historien) 160
- Molé Mathieu (parlementaire) 144
- Mounier Jean-Joseph (politique) 98
- Napoléon Bonaparte (empereur) 181/197
- Napoléon III (empereur) 190
- Paul Thiry d'Holbach (savant) 160
- Philippe Ier (duc de Parme) 157
- Philippe II d'Espagne (roi) 26/137/181
- Philippe III d'Espagne (roi) 29/47/139

- Philippe IV d'Espagne (roi) 69/116/139/146/147/184/187
- Pie VI (pape) — 88
- Pomponne de Bellièvre (chancelier) — 20/21
- Poquelin Jean-Baptiste (Molière) — 61
- Quesnay François (économiste) — 160
- Quesnel Pasquier (théologien) — 154
- Racine Jean (dramaturge) — 61
- Rousseau Jean-Jacques (écrivain) — 89/160
- Rupert du Rhin (duc de Cumberland) — 125
- Scarron Paul (écrivain) — 59
- Stanislas Leszczynski (roi) — 23/158/188
- Tallemant des Réaux (mémorialiste) — 36
- Thomas Arthur de Lally-Tollendal (comte) — 126
- Touchet Marie (comtesse) — 38
- Victoire Marie Thérèse (fille de France) — 79
- Washington George (président) — 128

✲✲